いばる人の転がし方

はじめに

ある場所で、五〜六人の女性が集まって話をしています。そのなかのAさんがこんな話題を持ち出しました。

「私ね、じつはパリに旅行に出かけていて、昨日帰ってきたばかりなの。日本は暖冬と言われているけれど、向こうはとっても寒かったわ」。

それを聞いてBさんが、

「あら、いいわねぇ。パリはよかった？」

と言い、続けてCさんも、

「ステキねえ。私も行ってみたいわ」

と、ニコニコしながら答えました。そこにいばる人のDさんが登場です。

「パリなら、もう百回も行ってるわ。だから隅から隅まで知ってるのよ。ホテルの角にあったあのタバコ屋さん、今はどうなってるかしら」。

いばる人というのは、かくも場の雰囲気を考えず、自分中心に振る舞う人が多いですね。自分が一枚上手だとひけらかしたがり、「世界は自分のためにある」とばかりの言動で相手を不愉快にします。

みなさんも、Dさんのようないばる人に心当たりがあるのではないでしょうか？なかにはいばる人に困らされている人もいることでしょう。

いばる人というのは、考えてみれば不思議な存在です。なぜにこうも一人よがりになれるのか、なぜにこうも自慢したがるのか、なぜにこうも勝手に振る舞えるのか。

一歩引いた立場で眺めてみれば、じつに興味のつきない存在ではあります。

私も、何を隠そういばる人の直接被害者なのですが、そうした興味もあって、いばる人というものをこの際徹底的に検証してみることにしました。

この本は自身の体験とアンケートで集めた実例をもとに、「いばる人」の解説と対策をまとめたものです。彼らとの上手なお付き合いのために役立てていただければ幸いです。

斎藤茂太

いばる人の転がし方／目次

第2章 「オレは○○なんだ、偉いんだ!」権威主義型のいばる人

第3章 「オレはオマエらより上なんだ！」カースト主義型のいばる人

第4章 「やりたいようにやって、どこが悪い⁉」不機嫌自己チュー型のいばる人

第5章　「オレの言うことを聞け！」自意識過剰型のいばる人

編集協力　八木沢由香
松本桂樹
装丁　マツダオフィス　松田行正＋日向麻梨子＋梶原恵
本文ＤＴＰ　ＮＯＡＨ

第1章

いばる人の大法則

おかしくも腹立たしいいばる人たちの実態

いばる人は理不尽、自己中心的

行く先を告げても返事すら返さないタクシーの運転手、客を客とも思わない傲慢で慇懃無礼な店員、上司にはペコペコ部下には尊大な中間管理職、「そんなことすら知らないのか」と小バカにした態度でモノを言うイヤな同僚……。

いや、世の中にはじつにいばっている人がたくさんいます。

かくいう私も、いばる人には泣かされた口です。

それも、いばられた相手はお袋だったのですから、これはかなり困ったのです。

母の輝子は、プライドが高く、負けず嫌いで、人に頭を下げることがなかなかできない人でした。

負けず嫌いですから、八十歳になって南極に出かけたり、エベレストに登ったりと大変な努力家ではありましたけれど、とにかく人の上に立ちたがる典型的ないばる人。そんないばる人のお袋と、どううまく付き合ってきたかは後章に譲るとして、いばっている人間にイヤな思いをさせられている、困らされているという人は少なくないでしょうね。

たとえば、こんな人がいます。

大手企業に勤めるSさんの上司は、その時の精神状態で人格が変わってしまう超気分屋だそうです。

三十八歳で大手企業の課長ですからプライドも高いのかもしれません。

下請けの会社の人間にはやたら横柄で、「○日までには用意できるだろ。できなければ今後の取り引きは考えさせてもらうよ」なんて言い方をする。

不機嫌だったりすると、電話口で不必要に大声を出して相手を威嚇したり、電話を切ったあとまわりに八つ当たりをする。

部下にも横柄です。

しかも、一日のうちでも機嫌のいい時と悪い時があって、周囲の人間はその課長さんの顔色にいつもビクビクしている。

Sさんは直属の部下ですから、その余波をもろにかぶってしまうわけです。

原因もわからないまま、突然怒鳴り散らされたり、理不尽な命令を出されたりしたことが何回もあるそうで、ある日とうとう心因性の胃潰瘍になってしまいました。

それから、こんないいばる人の話も聞いたことがあります。

親戚に五十代後半の非常にわがままなオバさんがいて、法事などで親戚が集まるたびに不愉快な思いをさせられる。

料理の仕度やお酒の準備、来客の応対とか、ほかの親戚の女性たちがバタバタと忙しく立ち働いていても、自分はどっかり座ったまま動かないんだね。

「動かざること山の如し」でいてくれれば、まぁそれはそれでいいのだけれど、平気で「あれをとってちょうだい」「これをもってきて」と大声で私用を言いつける。

移動のタクシーでも、赤ちゃんがいようとお年寄りがいようと、我関せずで真っ先に乗り込んでしまう。

聞けば聞くほど、かえって清清しさを覚えるぐらい自己中心的です。

こんな理不尽で自己中心的ないいばる人たちが、みなさんのまわりにも一人か二人、必ずいるのではないでしょうか。

たとえいいばる人に遭遇したとしても、「イヤなやつだ」と思うだけですんでしまうような立場にいれば、なんとかガマンもできるでしょう。

ところが、Sさんのように上司がいばる人だったり、夫や妻がいばる人だったり、店のお得意さんがいばる人だったりした場合、実害を被るのはほかならぬ我が身です。

となれば、身近にいるいばる人と、どう付き合っていけばいいのか、その術を知っておくに越したことはありません。

その対策をお伝えしていこうというのが、この本のテーマなわけですが、それにはまず「いばる人たちとは実際にはどのような人間なのか」を知らなきゃならない。

敵を知らなければ対策の立てようもありませんからね。

そこで、この章ではいばる人というのが、どういう傾向や性格の持ち主なのか、その解明を中心に進めていきましょう。

あらゆる場所に棲息している

いばられりゃ、こちらとしてもおもしろくない。

愉快ではない。

できればこうした人たちには近づきたくないと思いますが、なかなかそうはいきません。

というのも、いばる人はどこにでもいるからです。

日本にはどんないばる人がいるのか知りたくて、今回いろいろな人にちょっとしたアンケートをとってみましたが、その棲息地帯はじつにさまざまでした。

町内の自治会に棲息していたり、家庭内に棲息していたり、会社やパート先の職場に棲息していたり……。

出かけた先のスーパーの駐車場、電車のなか、たまたま乗り合わせたエレベーターのなかと、とんでもないところでいばる人に遭遇した人もいます。

私は精神科の医者ですが、同じ医者のなかにもいばる人はいます。

患者さんから「あのお医者さんに、『医者に質問なんかするな、言うことをきいていれば治るんだ』と言われた」「話も聞かず、いきなり『治す気がないのか』と怒られた」という話を聞くことがあります。

こういう、患者さんを怖がらせるいばる人の医者というのは始末が悪い。

病いは気からと言いますが、患者さんを怖がらせて気持ちを萎えさせてしまうようでは、治る病気も治らなくなってしまいます。

またラジオや講演を聴いていると、「私は、私は」と、自分のことばかり話している人がいる。

これもいばる人です。

「私はこう思っているのだから、そのとおりにしなさい」「私がやってきた方法なら間違いはない」なんてことばかり話す人というのは、自分が一番と思っている大変ないばる人。

普通の人は、あまり「私が」「私は」とは言いませんからね。

業界も職種も関係なし、大企業か中小企業かの規模も関係なし、若いか中年かの年齢の違いも関係なし、石を投げればすぐに当たるほど、世の中にはいばる人がたくさんいます。

そういう私も、いばる人を家族にもっていた一人ですけれど、早い話がいばる人はゴロゴロいる。

いつ何時、どこでばったり出くわすかわからないということですね。

いばり方の特徴は？

さて、そんないばる人たちは、どんなふうにいばっているのか。

いばられている人たちの声を集めますと、第一に「高圧的・威圧的」、次に「物言いや態度が横柄」というものが多い。

ほかにも「間違いや非を認めない」「気分屋・天気屋」「自己中心的」など、共通したいばる人像があるようです。

Hさんの職場の先輩は、Hさんいわく「唯我独尊」「尊大無比」な人物だとか。

社内打ち合わせの席では、何が何でも自分の意見や方針を押し通そうとする。人の話など聴こうともしません。

後輩社員がしゃべっている間はずっと腕組みをしたままで、アゴをあげ、見下ろすような態度を崩そうとしない。

しかも、鼻先でフンと笑って、必ず「そんな案じゃ、提案とは言えないね」「リサーチがまったくできてないんじゃないの」などと難クセをつける。

そのくせ、上司には米つきバッタのごとくペコペコしっぱなしだそうです。

Bさんの会社の役員は、いわゆる権力をふりかざすタイプ。

自分の立場が不利になってくると、相手の話をさえぎるように大声で自分の意見を主張する。

高圧的な態度に出たり、専門用語を乱発し始めて武装を固める。

この役員さんも、自分より立場や権力が上の人には、お腹を見せて横たわる犬のように、最初から服従ポーズでのぞむのだとか。

また、相手のことなど一切おかまいなしで「人を平気でこき使う」、こんないばり方もあります。

アパレルメーカーでOLをしているT子さんの職場には、とんでもないお局さまがいるそうです。

簡単な事務作業でも、自分がやりたくないと思えば「これ、今日の午後までにやっておいて」と平気で後輩社員に押しつけてくる。

就業中でも、「なんか甘いものが食べた～い！　ちょっと買ってきてよ」と、私用でお使いを言いつける。

それも口答えをしない、気の弱そうな後輩ばかりをつかまえて、自分の手足のようにこき使う。

はっきりと意見を言う、気の強そうな人には、たとえ後輩だろうとご機嫌をうかがい、ちやほやするのだそうです。

それにしても、いばる人たちは、なぜにこうもいばるのでしょうか。

じつは、そのナゾを解き明かすキーワードが二つあります。

どんないばる人も、このキーワードをもつがためにいばっているわけです。

キーワードその一は「劣等感」

いばられ被害者たちに、いばる人がなぜいばると思うかを訊いてみると、いろいろな理由を考えてくれました。

「理性がないから」

「自分の価値観と相手の価値観が違うということがわからない」

「自らの存在価値を見出すため」

「想像力が欠如している」

「八つ当たり」

ふむふむ、なるほどという感じですね。

なかには、こんな鋭い意見もありました。

「はったり」

「じつは気が弱い」

「自分を大きく見せたい」

「自信がない。

つまりコンプレックスの裏返し」

まさに、そのとおり！　いばる人がいばる理由を語るうえで、決してはずせないキーワードが、じつは「劣等感」なのです。

弱い犬ほど大きな声でよく吠えると言いますが、それと同じです。

いばる人というのは弱い犬、つまり劣等感で満ち溢れた人というわけです。

人間という生き物は誰もが何らかの「劣等感」を抱えています。

言いかえれば、劣等感をもっていない人間というのは、まったくと言っていいほどいない。

けれども、多くの人は劣等感があるからこそ、それをはねのけようとがんばるわけです。

そうやって向上していくのが人間という生き物なのですね。

人がどのようなところに劣等感をもつのか、それは千差万別です。

容姿にコンプレックスをもつ人もいれば、仕事の能力や学習能力にコンプレックスをもつ人もいる。

自分の性格、家柄、暮らし方、生き方など、あらゆることについて人は劣等感を抱きます。

劣等感とは、つまりは「自分が○○について人より劣っている」と感じる感情ですが、だからこそ「負けないようにがんばろう」と思ったり、「別の能力を高めていこう」と考えたりするわけです。

そうやってプラスの方向に自分の力を伸ばし、自信をつけていく力が人間には備わっているのです。

ところが、いばる人というのは、自分の抱える劣等感をバネに向上するということができないのですね。

バネにするどころか、その劣等感を人には絶対に見せまいとしたり、悟られまいとしたりする。

自分の弱い部分をさらけ出すことができない人たちなわけです。

それゆえ、虚勢を張って自分を大きく見せたり、高圧的に威嚇して人より有利な立場に自分をおこうとする。

まさに弱い犬なんです。

劣等感が強いからこそ、隠れ蓑をほしがる

たとえば大学教授でも作家でも、大手企業の社長でもいいのですが、本当に一流の人、上等な人というのは他人に決していばりません。

「オレが、オレが」とか「オレをどこの誰だと思っているんだ」なんてことは絶対に言わない。

むしろ、どのような人を相手にしても物腰低く、ていねいで、常に相手を立てようとします。

もちろん、だからといってコンプレックスがまったくないというわけではない。何かしら「人より劣っている」と感じる部分はもっているでしょうけれど、こういう人たちは劣等感をバネにして、今日の自分を築いてきたのでしょう。

それだけに、自分というものに大きな自信をもつことができる。自信をもっているから、ことさら相手の立場を気にしたり、優位か下位にいるかを気にしたりする必要がないのです。

でも、いばる人というのは劣等感を克服できずにいる人ですから、いつまでたってもコンプレックスから抜け出すことができない。

劣等感の塊のままで、自分に自信をもつことができないのです。

その自信のなさをいばることでカバーしているわけですね。

しかも自分に自信がないためどうするかといえば、いばる口実に権威や肩書きを利用しようとする。

権威や肩書きで、見かけの自信を装うわけです。

たとえば名刺に「○○協会　顧問」とか「××クラブ　理事」だとか、肩書きを五個も十個も刷り込んでいる人がいます。

以前、観音開きの珍しい名刺をもらって、「いや、変わった名刺だなぁ」と感心していたら、なかにびっしり「○○協会」「××クラブ」の肩書きが書かれていてビックリしてしまったことがあります。

こんな人は肩書きという隠れ蓑がないと不安で仕方がないんですね。

まあ、ここまで肩書きに寄りかかる人というのはそうそういないでしょうけれど、企業で役職に就いている、有名なエリート企業に勤めているということを、劣等感隠しの隠れ蓑にするいばる人は少なくありません。

そういう場合、往々にして「（エリート企業に勤める）オレの言うとおりに動くのが当たり前」「（オレは部長なんだから）、オレの命令に文句言いわずに従って当たり前」的ないばり方になるわけです。

で、このいばる人たちが結局はどうなるかと言えば、
肩書きの　消えし名刺や　春の雪

ということになる。

つまり、定年退職になると肩書きが消えてしまう。

もうバーや料亭に行っても誰もチヤホヤしてくれない。

モテていたのは自分自身じゃなく、自分の肩書きだったことに気がついてガックリきちゃうのです。

それでもなかには、「ロータリークラブ会員」（私も実はそうなのですが）とか、何かしらの肩書きを見つけていばる材料にしようという、懲りない人もいるかもしれませんが……。

絶対に自分の非を認めない

もう一つ、コンプレックスの裏返しでいばっている人は、自分の非を認めようとしません。

いばる人と接していて、こんなフレーズをよく耳にしませんか？

「でも」

「しかし」

「だって」

「ていうか、それは」

もちろん、そのあとに続くのは、

「そんなはずはないだろう」

「○○さんがそう言っていたから」

「自分はちゃんとやりましたよ」

「僕が悪いんじゃありません」

などの責任転嫁、自己弁護の言葉です。

明らかに自分にミスがあったとしても、こうした言葉でどうにか、お咎めから逃げようとする。

「自分のミスでした」

「申し訳ありませんでした」

なんて、素直に謝ることはしません。

どんな人でも、自分の非を認めるという行動をとるには勇気がいります。

けれども、明らかに自分が原因で何か問題が発生してしまった、あることがうまくいかなかったという場合、大抵の人はきちんと非を認めて、謝ることができるものです。

社会で生きていくうえで、人との関係は何よりも重要になる。

非を認めて謝るということは、人との関係を壊さないための大切な手段の一つです。

ところがいばる人たちというのは、「私が悪うございました」とは口がさけても言わないんですね。

イバリ度が高くなればなるほどに、「謝る」という行為が、素直にできなくなってしまう。

非を認めることは、自分のマイナスな部分を認めるということにつながります。

これは、ただでさえ強いコンプレックスをますます刺激することになる。

そんなことは避けたい。

だから非を認めない、謝らない。

まぁ、劣等感の強いいばる人にとって、謝らないというのは一種の自己防衛みたいなものなのでしょう。

人との関係より、自分を守ることを優先するわけです。

自分の失敗を、誰か（何か）のせいにすることを「他罰」と言いますが、いばる人ほど非を認めたがらないというのは、この「他罰」傾向が強いからなのですね。

何が起ころうとすべて自分は悪くない、原因は自分以外のところにあるという態度をとり続けるのは、「他罰」によって「自分を守ろう」とする心のメカニズムが、コンプレックスの強いいばる人ほど強く働くためなのです。

どうしてそんなに自信過剰なの!?

「オレ様」思想はどこからくるのか?

聞いていて思わず苦笑してしまった、こんないばる人の話があります。

これは語学専門学校で受付事務をしているIさんの体験談でしたが、ある日、五十代と思われる男性が「教養のためにフランス語を習いたい」とやってきました。

Iさんが必要事項を説明すると、それをさえぎるように、いきなり自分のことをとうとうとしゃべり出したそうです。

「僕はね、若い頃、よくヨーロッパを一人で回ったものなんですよ。

もちろん、フランスにもよく出かけた。

パリなんか、そうだなあ、アパルトマンを借りて一年ぐらい住んでましたよ。

ま、だから僕の場合、フランス語はそこそこ話せるんだけれどね、どうせならもっと本格的に身につけておこうと思って」

放っておくと、そのままヨーロッパ旅行の思い出話を延々と聞かされそうでしたので、Ｉさんは大急ぎでコースの説明を始めました。

ところが、件の紳士はＩさんの説明などろくすっぽも聞かず、

「まあ、僕の場合フランス生活も体験しているし、上級者コースでいいですよ」

と言い出したそうです。

とはいえ、クラス分けのためには、その人の語学力が実際にどのくらいか把握しておかなければなりません。

事前に簡単なインタビューをさせてもらうというのが決まりのシステムになっている、ということをＩさんが説明すると、その紳士は明らかに不満げな顔をしている。それでも「そういうことなら仕方ないね。そんなことをしなくても僕は間違いなく上級者コースだと思うけど」と言いつつ、ネイティブの講師とのインタビューに同意してくれました。

ところが二人の会話を何とはなしに聞いていたＩさんはビックリしてしまった。先生が「お仕事は何ですか？」と聞いているのに、男性の答えは「ウィ」。

よくよく会話を聞いていくと、どんな質問にもすべて「ウィ」か「ノン」しか言わない。

あげくの果てには「ねえ、ちょっと君、この先生なんて言ってるの？　訛りがあるのかな、よく聞き取れないいんだけど通訳してくれない？」と、Ｉさんを呼びつけようとしたそうです。

その講師は生粋のパリっ子で、訛りなどあろうはずがない。

講師も「こりゃダメだ」という顔をして、早々にインタビューを終了してしまいました。

フランス生活体験者というこの男性、誰が見てもクラスレベルは明らかに初心者コースです。

ところが、Ｉさんが「よくお話できていましたね。基礎をもう一度復習されると、もっと伸びると講師も言っていましたよ」と持ち上げつつ基礎コースを案内すると、「君、何を言ってるの？　僕は上級者コースでいいと言ってるんだ。今さら基礎なんか必要ないんだよ」とガンとして譲らないのです。

そのうち「もういい！　こんな田舎講師ばかりが集まっているような学校はロクなところじゃない。

もっときちんとした学校に行くよ！」と捨てゼリフを残して帰ってしまった。

いやいや、いばる人もここまでくると、呆れるのを通り越して滑稽です。

それにしても、この男性はなぜこうも自分に自信がもてるのでしょうか。

じつに不思議ですね。

この男性に限らず、世の中のいばる人は、なぜかしらミョーに自信ありげです。

もちろん先述したように、強烈なコンプレックスの裏返しで、さも「自信」ありげに装うというばる人もいます。

けれども、それだけでは説明しきれないタイプのいばる人もいる。

たとえば人の話を横取りする人がいます。

何人かで集まって話をしている時、そのなかの誰かが「今年のお正月はハワイで過ごそうと思って。ワイキキで泳ぐのに水着を持っていかなくちゃ」と言おうものなら、「あら、私も毎年お正月はハワイなのよ。ワイキキなんて日本人観光客ばかり。私は絶対行かないわ」なんて口を出してくる。

また、「自分が言えば何でも通る」と思い込んでいる人もいます。

数回しか行ったことのないレストランなのに、すっかり得意客気取りで、満席で断られようものなら「オレは得意客なんだぞ」とお店に文句を言う。

場合によっては、ごていねいに「オレが誰だか知らないのか！　○○の取締役だぞ」などという肩書きまで持ち出すこともあります。

こういう人たちは、ヘンに自分に自信をもっているわけですね。

だから、すぐに「私は」「オレは」と自分を前面に出そうとする。

いわゆる「オレ様」タイプです。

このように「オレ様」度が高い性格の人のことを、心理学では「自己顕示の強い性格の人」と呼びます。

やたら大手企業の看板を振りかざしたり、地位や肩書きをひけらかしていばる人も、この手のいばる人であることが大半です。

そして「自己顕示」こそが、じつは「劣等感」と並ぶもう一つのキーワード、いばる人を語るうえで欠かせない二番目のキーワードでもあるのです。

「自己顕示性格」とはどんな性格か

心理学の世界では、人を特徴づけるために性格をいくつかに分けて説明することが少なくありません。

そのなかで、最も基本的なものとされているのが次の五つの性格分類です。

内閉性性格
同調性性格
粘着性性格
神経質性格
自己顕示性性格

それぞれを簡単に説明しますと、「内閉性性格」とは自分の気持ちを表面に出さない性格、いわゆる内向的な人ですね。

「同調性性格」とは、何にでも同調してしまう性格。

よくいえば社交的な人です。

「粘着性性格」とは百パーセント完全主義のマジメ人間。

凝り性で、結構執念深いところがある。

私の親父がそうです。

「神経質性格」の人は責任感が強い半面、些細なことにもクヨクヨと考え込んでしまいやすい。

最後の「自己顕示性性格」は、プライドが高くて負けず嫌い。

目立ちたがり屋で自己中心的。

欧米ではヒステリー性格と呼びますが、私のお袋は、まさにこのタイプです。

余談ながら、いまや死語になりつつあるヒステリーの語源はギリシャ語の「ヒュステロ」という言葉です。

「ヒュステロ」というのは「子宮」という意味。

古代ギリシャの時代から、女性には「自己顕示性性格」の持ち主が多いと考えられていたのかもしれません。

もちろん、実際には男性にも「自己顕示性性格」は多い。

と、それはさておき、人間は以上の五つの性格を必ず誰もがもっています。

私にしても五つの性格をすべてもっています。

ただ、どの傾向が強いかは人によって違い、パーセンテージの一番高い性格が、その人の性格として外面に現れる。

性格を決定づけるというわけです。

今では、知能指数を示す「ＩＱ」と並び、感情を示す指数「ＥＱ」という言葉がすっかり定着しました。

EQとは、自分の感情を把握し、コントロールし、情動を対人関係や自身の向上に役立てられる能力のことを言います。

「IQ」と区別するために「心」の知能指数とも呼ばれていて、EQを測るテストもあります。

このテストのなかで「挫折したときに自分を誉める能力」という項目が高い人は、五つの分類でいう「自己顕示性性格」に相当する人といえます。

「自己顕示」の特徴はプライドが高く負けず嫌い。

ですから挫折には強い。

挫折をしても、再び起き上がって努力することができるといういい面があります。だから「自己顕示」がプラス方向に働けば、どんどん上昇していくことができる。社会的地位も上がり、トップクラスにまで昇りつめることだって可能です。

そういう意味では、自分が向上していくために必要不可欠な性格といえます。ところが悪い方向に発揮されてしまうと、「オレ様」主義の鼻持ちならないいばる人と化すわけです。

「オレはパリ生活の経験者だからフランス語の上級者コースでいいんだ」と譲らなかった男性も、「私は毎年お正月はハワイよ」と自慢話をひけらかして話の腰を折る女性も、「自分が言えば何でも通る」と思い込んでいる勘違い人間も、とどのつまりは「自己顕示」がマイナス方向に働いているケースなんですね。

人よりも上にいたいという欲求を、「いばる」という形で満たしている人たちなのです。

しかも負けず嫌いですから、「劣等感」の持ち主とは違う意味で、これまた自分の非を認めない、謝らない。

ますます毛嫌いされるいばる人へと進化していってしまうのです。

人に負けたくない、上にいたい、目立ちたい、こうした欲求が「向上心」につながってくれれば、本人にとっても大いにプラスですし、まわりの人間もいばられずにすんでハッピーこのうえない。

すべてが丸く収まるのですが……ね？

劣等感と自己顕示に支配された人たち

さて、いばる人がいばる理由について、少しは理解していただけたでしょうか？

簡単に言ってしまえば、いばる人たちは総じて「劣等感」が強く、性格的に「自己顕示」傾向の強い人ということがいえます。

そう、いばる人がいばる人たる所以は、「劣等感」と「自己顕示」の二つをベースにもっているからなのですね。

ただし、いばる人のなかには、少数ながら、このどちらのキーワードも持ち合わせていないタイプが存在します。

どのような人かというと、心の病気によっていばる人に変身してしまう人たちです。躁とうつを繰り返す「躁うつ病」という病気があります。

ご存知の方も多いと思いますが、このうちの躁状態にあると、時として手に負えないいばる人になってしまう人がいるのです。

私が以前診ていた患者さんに、この躁型いばる人がいました。

大企業の部長さんでしたが、普段は穏やかでおとなしいのに、躁状態になると途端にドイツ語を話し出す。

延々とドイツ語でしゃべっているうちはまだいいのですが、そのうち天狗になって医者をバカにし出すんですね。

自分は天下一の人間だと思っちゃう。

薬を出しても、「こんな薬、飲んだって効きやしない」と薬を投げ捨てる。

「あんたなんかに、僕を治せるはずがない」と、こちらの話を聞こうとしない。

治るまではしばらくこの調子で、とにかく手に負えません。

ここだけの話、うつの患者さんのほうが、よほど治療しやすい。

とはいえ、こういういばる人は薬で治すことができますし、普段とガラリと様子が変わりますから、「あ、病気が原因だな」と判断できる。

そういう点では、みなさんを困らせているようないばる人とはちょっと違います。

何しろ、みなさんのまわりにいるいばる人は、強いコンプレックスと、強烈な自己顕示に支配されている人たちなのですから。

コンプレックスのほうが強いか、自己顕示の性格のほうが強いか、どちらがより色濃いかでいばる人のいばり方も若干変わってきます。

が、いずれにしてもいばる人を読み解く鍵は、この二つのキーワードにほかなりません。

まずは、どのいばる人もベースは一緒、「劣等感」と「自己顕示」がいばる根底を支えているのだと思っていてください。

そのうえで、次の章からはいばる人のタイプをもう少し細かく分けて、見ていこうと思います。

一口に「いばる」と言っても、いばり方にはいろいろなパターンがあります。

そのパターン別にいばる人を五つのタイプに分け、解説と対策をお伝えしていこうというのがPART2以降です。

なんとも無謀な試みですね。

さてさて、あなたのまわりにいるいばる人は、どのパターンに属しているでしょうか？　どうぞ、楽しみに⁉読み進めてください。

第2章

「オレは○○なんだ、偉いんだ！」権威主義型のいばる人

どこでもいる？肩書き命のいばる人

大企業、有名企業に特有のいばる人

いばる人のイメージとして、もっとも強いのがこの章に出てくる人たちではないかと思います。

「○○会社」「○○新聞社」など、大企業という看板やギョーカイという立場をカサにきていばる、「社長」「○○大学教授」「○○議員」など、役付きというポジションや肩書きを振りかざしてはいばる――こうしたタイプのいばる人に遭遇した人は、少なくないでしょう。

たとえば、中途採用で大手メーカーに入り、商品開発の仕事をしているKさんは、日頃、肩書き命のいばる人上司に大変泣かされていると言います。

いばっているのは課長のF氏。

「商品開発部が社運を握っている」が口癖で、企画会議を開いても、ほとんどがF氏の独演会の場と化してしまうそう。

打ち合わせの日時もすべてが自分の都合優先。

別の仕事の予定が入っていて出席できない部下に対しては、「ダメ社員」呼ばわりをします。

会議の場でも、部下の提案はことごとく却下。

といっても、自分はまったくアイデアを出そうとはしません。

ただ、あがってくる提案に難クセをつけるだけです。

とくにKさんのような中途キャリア組には、ことあるごとに「うちの会社は昔から」を連発して尊大な態度を崩そうとしません。

どれほどアイデアを出そうと、「そんな商品はうちの会社らしくない」「ヒットする可能性は低いな」と頭ごなしに否定して認めようとしない。

それでもKさんが粘って、説明を続けようとすると、「うちの会社は、昔からそんな商品は出したことがないんだ。オレがダメと言っているのだからダメなのだ」と怒り出す。

大手の有名メーカーという肩書き、そこの課長であるという肩書き、この二つをハナにかけて途中入社組を小バカにし、しかも部の全権は自分が握っているという態度で接してくる。

俗にいうパワハラタイプというやつです。

そのくせ、上には低姿勢でゴマすりもうまい、典型的な「上に弱く、下に強いタイプ」だそうです。

もう一人、F氏とよく似たいばる人の話をご紹介しましょう。

遭遇したのは、広告代理店に勤めるEさん（四十歳）。

ある大手通信会社の社内印刷物の仕事が来て、デザイン会社やライターさんといった外部スタッフの人たちと一緒に、先方に打ち合わせに行きました。

応対したのは、宣伝部の女性と、その上司の課長さんです。

この課長さんがビックリするほどのいばる人でした。

席にふんぞり返るやいなや、開口一番「うちの会社はずっと大手広告会社のD通に仕事をお願いしている。お宅のような小規模な業者さんとはあまり仕事はしないのだが、今回はD通さんに頼むほどの仕事ではないので」と言い出した。

その後も、

「自分はD通の○○さんと個人的に親しくて」

「うちの会社ぐらいになってくると、大手の、きちんとしたところと仕事をしないとね」

「僕が思うに、今回の仕事はいかに訴求力を出すかだね。頭のなかではイメージができあがっているんだが、それに近いものをどれだけ出してくれるかだ」

なんてことを一方的に話すだけ話して、「じゃ、まあ、いいもの作ってくださいよ」と、打ち合わせらしい打ち合わせもせず席を立ってしまった。

わざわざ外部スタッフの人たちに時間を作ってもらって、打ち合わせに同席してもらったこともあり、Eさんとしては申し訳ないやら腹が立つやら。

あからさまに小規模と言われたことも不愉快でしたが、「会社自慢、D通自慢を聞かされに来たわけじゃない」と思うと、「貴重な時間を返せ」と言いたくなったそうです。

大企業と呼ばれる会社には、必ずこうした会社自慢、社名がすべてといういばる人がいるようですね。

大企業ともなると社員数も多いですから、何割かは鼻持ちならないいばる人がいても不思議ではないのかもしれません。

マスコミ業界にはいばる人がウヨウヨしている？

大手企業という看板に、世間への影響力というものがプラスされると、そのイバリ度はますますアップするようです。

たとえばマスコミと呼ばれる「業界」に所属していると、そこに所属していることがいばる人たちをますます増長させる。

私の場合、こういう業界の人たちとのお付き合いもないわけではありませんので、あまり声を大にしては言えないのですけれど、

「出してやるんだからありがたく思え」

「載せてやるんだからありがたく思え」

といった態度をちらつかせる人たちもいると耳にすることがあります。

Cさんも、そんなマスメディアのいばる人たちに遭遇した一人です。

Cさんが勤める法人団体には出版部があります。

Cさんは、その出版部の仕事をしているのですが、

「出版している書籍について、電話での問い合わせに対応することも多いのですが、マスコミ関係者はひどい。態度は傲慢そのもの」と言います。

某テレビ局の社員を名乗る男性は、早口で番組名だけ伝えると、いきなり「そちらで本を出された○○さんの電話番号、教えてもらいます?」と切り出してきたそうです。

自分の名前も言わず、どういう内容で連絡先を知りたいのかの説明もない。それを尋ねると、「時間がないんで、とにかく教えてくれればいいんですよ。説明はご本人にしますから」と言うだけ。

「では○○さんに、電話番号をお教えしていいか確認します」と答えると、「あのさ、時間ないんだよねー」とイライラした声が返ってきて、「じゃ、いいよ。ほかから聞くから」と言い残してガチャンと電話を切ってしまったそうです。

テレビ関係者は、おしなべてこうした態度の人が多いようですね。

テレビ局だけじゃありません。

某有名新聞社の人から、電話で「ある書籍の部数を教えてほしい」と問い合わせがあった時も、じつに腹が立ったそうです。

「担当者が不在なので」と告げると、「こっちはかなり急いでるんですよねぇ。なんとかなりませんかね。携帯とかつながらないの?」と強引な態度。

とりあえず「携帯に連絡をとってみます」と答えて、担当者の携帯電話にかけてみましたが、電源を切っているのかつながらない。

数分後にまた某新聞社から電話がかかってきたので、連絡がつかないこと、戻り次第、大至急連絡させることを告げて電話を切ったのですが、三十分もしないうちに再び電話がかかってきた。

それも「まだですか！　夕刊に間に合わせたいのに困っちゃうんだよなあ！」と、これまた上から目線のイライラ声でまくしたてられたそうです。

「テレビ局も新聞社も、出してやる、載せてやるという気持ちがミエミエ。こちらの都合など考えもせず、自分たちの要求は通って当然、優先してもらって当たり前という傲慢な態度で、本当にムカムカきた」とCさん。

まあ、大手マスコミというのは、こういう体質が少なからずあります。

相手の都合など考えない、一方的な態度で話を進めようとする。

その強引さは、昔・軍部、今・大手マスコミと言えるかもしれませんね。

とはいえ、業界の体質としてそういう強引さ、傲慢さをもってはいるけれども、マスコミの人だってていねいな人はていねいです。

Cさんの遭遇したいばる人たちは、「大手マスコミにいる自分は偉い」と錯覚している人たちなのでしょうね。

このタイプは相手構わず一生いばり続ける

このように肩書きに寄りかかっていばるタイプの人は、いわゆる「権威主義型いばる人」と言えます。

読んで字のごとく、「権威」第一という人たちですから、大企業という肩書きや社名、役職、あるいは学歴に寄りかかって「オレは○○の△△だ」といばる。

いばる相手も、必ずしも自分と関係のある人たちばかりとは限りません。

たとえばシステムエンジニアをしているY子さん（三十二歳）は、クライアントとの打ち合わせに向かう途中で、「権威主義型いばる人」と思しきオジさんに出くわしてしまいました。

クライアントのあるビルは、名の知れた企業ばかりがテナントとして入っている都心の高層ビルです。

Y子さんが高層階用の高速エレベーターに乗り込むと、あとから少し遅れて、背の低い五十代くらいのスーツ姿の男性が乗り込んできました。

手ぶらなところを見ると、ビル内の有名企業の一つに勤めている人なのでしょう。

着ているスーツや年齢から推察しても、「何らかの役職についている人ではないか」

とY子さんは言います。

その男性ときたら、乗ってくるなり奥へ進み、両手をポケットに突っ込んだまま壁にもたれてふんぞり返ると、ボタンの近くに立っていたY子さんにいきなり「四十五階」と言い放ったそうです。

「四十五階をお願いします」でもなければ、「四十五階を押してください」でもない。エレベーターガールと勘違いしているかのような態度にカチンと来たY子さんは、でも負けていなかった。

「四十五階がどうかしましたか？」

と応じて、あとは知らん顔をしていたそうです。

その男性はといえば、

「なんなんだ！」「信じられん！」

と逆ギレ状態で怒り出した。

そうこうしているうちにエレベーターは四十五階を通過。

目的の階についたY子さんは後ろも振り返らずサッサと降りてしまい、そのオジさんは怒りで顔を真っ赤にしながら、高速でさらに上の階に運ばれていってしまったそうです。

見知らぬ人を相手にいばった口調で命令する。

「○○会社で○○というポストについている」という権威を、社内ばかりか、社外の見知らぬ相手にも振りかざす。

「権威主義型いばる人」というのは、相手のことなど気にもかけず、「自分は○○だから偉い」という部分で一方的にいばる人たちですから、Y子さんのケースもさもありなんという感じがします。

このタイプのいばる人は、得てして肩書きを失ったあともいばることをやめません。退職したあとには、「元○○新聞社」「元○○会社専務」など、「元○○」の肩書きでいばり続けます。

おそらく、一生いばる人のままでしょう。

「権威主義型いばる人」を分析する

「権威主義型いばる人」の習性

権威主義型のいばる人にとって、力のありそうなものは何でも「権威」になります。

マスコミという業界も「権威」です。

評論家、大学教授、警察官、政治家などの職業名も「権威」になります。

人によっては、古典的な性差役割分担や男らしさ・女らしさといった社会通念も「権威」となる。

家のなかで「男はエライ」とばかりに妻にいばる男性がいますね。

タテのものをヨコにもしないどころか、目の前にあるテレビのリモコンも妻に押させる。

家中どこにいても大声で妻を呼びつけ、自分でやれる用意も妻にやらせようとする。会話はすべて「～持ってこい」「～しろ」「～しとけ」と命令口調で、王様ぶりをいかんなく発揮してふんぞり返っている。

家事やら子育てでやたら忙しい妻にとっては大メーワクです。

こんないばる人も、昔ながらの男の権威にぶら下がる「権威主義型いばる人」といえます。

ところが、このタイプのいばる人は、自分より権威のある人には滅法弱気になるんですね。

上に弱く、下に強いといういばり方になる。

家のなかでふんぞり返っているお父さんにしても、会社の上役には案外とペコペコしているかもしれません。

Hさんの勤めるコンサルティング会社の経営者は、六十歳になる元外資系金融マンだそうです。

この肩書きを生かして、自分も現役の経営コンサルタントとして動いているのですが、これがやたらと権力を振りかざす。

元外資系金融マンというのが自慢なのですが、肩書きにあぐらをかいて勉強をほとんどしない。

経済というのは生き物ですから、勉強し続けなければいいアドバイスなどできようもありません。

不勉強なうえに、自分のやり方、考え方を押しつけるものだから、お客さんはどんどん逃げていっちゃう。

でもHさんたち部下が直言しても、まったく耳を貸そうとしないのだそうです。

そうはいっても、日頃勉強を怠らない部下たちのほうが、はるかに世の中の動きを知っているわけです。

だからやり合っていると、おのずと形勢は悪くなる。

自分が不利になってくる。

すると大声を出したり、高圧的な態度に出たり、わざと英語で専門用語を連発したりして威圧的になるのだそうです。

最後には経営者という立場を武器に、「誰が給料を払ってるんだ！　文句があるならやめろ！」とパワハラ確定なことを言い出す。

ところが銀行、税務署、昔からの取引先の社長など、自分より権力をもっていそうな人たちに対しては、もう卑屈なほど絶対服従の態度でのぞむのだそうです。

こういう権威にぶら下がっていばる人たちというのは、きっと自分に自信がないのでしょう。

劣等感もそこそこ強いうえ、それに輪をかけて自己顕示がモウレツに強い。

だから、「権威」をカサに来ていばるのです。

読み解く鍵は「権威主義的性格」にあり

では「権威主義型いばる人」は、どうして「権威」を振りかざしていばってしまうのでしょうか？

心理学の分類の一つに「権威主義的性格」というものがあります。

どのような人を「権威主義的性格」と呼ぶかというと、次のような傾向の強い人たちのことを言います。

・既成の権威や、さらに高い権威には絶対的に服従をする。
・自分の所属するグループに属さない人を攻撃する。
・柔軟な思考が苦手で、すでにある知識やルールや価値観にだけ従う。
・融通がきかない。

・自分の価値観や考え方、感情を押しつける。
・自分にとって敵か味方か、よいか悪いかなど二分した考え方をしがち。
・自分より権威のない人には権力を振るおうとする。

誰でも、「権威」に対しては弱い、従いたくなる部分はありますが、「権威主義的性格」というのは、「権威」が自分のなかで絶対的価値観をもってしまっているわけですね。

人間は社会的に平等な立場にはない、地位や権力に差があって当たり前なのだとも考えている人たちですから、「権威」が使える立場になれば、当然のように使える相手に振りかざして、その力に頼ろうとします。

ところが「権威」には絶対服従ですから、より高い「権威」の持ち主や、本人が「自分の権威は通じない」と感じた相手に対しては、一も二もなく付き従う。

つまり「上に弱く、下に強い」わけです。

この「権威主義的性格」を少なからず持ち合わせているのが、「権威主義型いばる人」といっていいでしょう。

加えて自己顕示も強いのですから、これはもう、自分より権力がないと思った相手には、「権威」を盾にいばり倒すのも無理はありません。

言わせてもらえば、このタイプがいばるのは自然の摂理ぐらいに思ったほうがいいんです。

「権威」と「自己」を同一化

さらに「権威」が自分のなかで絶対的価値観をもっているということを別の側面から見ると、「権威」と自分とが同一化しているという言い方もできます。

所属している有名企業の名前、社内でのポジション、大手マスコミという業界名、社長や警察官、大学教授といった社会的立場、こういう属性と自分を同一のものとしてしまうわけですね。

同一化ということですから、属性＝自分になってしまう。

そこから
「社長」は偉い立場だから「自分」は偉い、

「○○新聞社」はエリート集団だから「自分」はエリート、
こんな心性が働くのです。

病院でも、こうしたタイプの患者さんに遭遇することは多いようで、医師から「いばる患者がいて困る」なんて話を耳にすることがあります。

電話をしてきて開口一番「××党の○○だが、子どもに元気がないようだ。ノイローゼかもしれないからすぐに診てくれ。十分後には着くから」と言ってくる人がいると聞いたこともあります。

予約制をとっていて、今日は予約の患者さんで埋まっている。改めて予約をしてもらえないかと頼むと、「オレは国会議員なんだぞ。無理にでも時間をあけて、今すぐに診察するのが当たり前だろう」などといばった口調で言い出す人もあるそうです。

ほかにも、自分は社長なのに院長が挨拶に来ないのはけしからんと怒る人がいたり、「オレは一流企業の重役なんだから、もっと丁重に扱え」と看護師さんに命令したりする人もいるとか。

完全に政治家である自分、社長や一流企業の重役である自分は偉い、だから言うことをきいて当然だろうと思い込んでいる様子なのです。

周囲からすれば大きな勘違いに見えるかもしれませんが、本人にとって「権威」は、まさに自分そのものというわけです。

心理分析では、男性には去勢不安というものがあって、「在るものがなくなる不安」

を抱えやすいとされています。

だから不安を埋めるために、何かを自分のなかに取り込もうとする。

その何かが、「権威主義型いばる人」の場合、「属性」という「権威」なのでしょう。

そこで属性が自分そのものとなってしまう。

ですから、この人たちにとっては、自分自身ではなく、自分の持ち物のほうがより価値をもつわけです。

どのような肩書きをもっているか、どんな集団に属しているか、それによって自己評価が大きく変わってしまうし、他人の評価も変わると思ってしまうような人たちなわけです。

本当の意味で自分に自信がないんですね。

しかも自信がないくせに自己顕示は人一倍強い。

そう考えると、素で勝負できるほど自分に自信がなく、「権威」に頼ることでしか人より抜きん出ることができない、なんともかわいそうな人たちといえるのではないでしょうか。

「権威主義的いばる人」にはどう対処する?

触らぬ神に……が賢い接し方

このタイプのいばる人は典型的な「オレが、オレが」と自分を主張してやまないタイプと言えます。

この「オレが」の部分を支えているのが権威主義です。

なぜ権威主義が身についてしまったかといえば、これはやはり環境的な要因が関係していると考えていい。

もっともわかりやすいのは親の育て方でしょう。

権威主義の親に育てられてきたから、権威主義が植えつけられてしまったということが一つ言えます。

たとえば東大に入ることだけを目標に勉強させられてきた、省庁に入ってエリート官僚になることを期待されてきたとかですね。

いい大学に入って、いい会社に入ってトップを目指す、あるいは政治家になる、大学教授になる、そうでなければ一流じゃないと、幼少時から叩き込まれてきた。

私の息子のクラスメートにも、小さい頃から「社長になりなさい」と言われ続けてきた人がいます。

末は社長か大臣かではないですが、とにかく小さい時から社長になることだけを目標にしつけられてきた。

一種の帝王学を叩き込まれて育ってきたわけです。

人間を果物に例えると、芯の部分にあたるのがその人の本当の性格です。もって生まれた性格ですね。

そして果肉にあたるのが後天的な要因で形成された性格。

このうち芯として生まれもった性格は、まず変えることはできません。

もしも性格を変えるとしたら果肉にあたる部分を変えるしかありませんが、それも皮に近い数ミリの部分を変えるぐらいしかできない。

大人になってからつけ加えられた性格ぐらいしか変えることはできないのです。

芯に近い果肉、言うなれば小さい頃に形成されてしまった性格は、いくら果肉の部分と言えども変えることはむずかしい。

育てられる過程で権威主義を植えつけられてしまったら、「あなた、権威主義的性格はよくないですから変えなさい」といってもそうそう変わらないんです。

権威主義が性格としてしっかり根付いているうえに、「権威」と自分とを同一化させてしまっているのが「権威主義型いばる人」ですから、いばることをやめさせよう、性格をなおそうとしても一筋縄じゃいかない。

むしろ、このタイプは変えられないと思っていたほうがいい。

しかも「権威主義型いばる人」にとっては権威＝自分で、「権威」は自分にとってかけがえのないものになっています。

自己顕示も強烈に強いわけですから、そこを否定されると、Y子さんが遭遇したエレベーターのなかのオジさんや、Hさんの会社の元外資系金融マンという経営者のように、メチャクチャ怒って反論してきます。

変えることもむずかしいし、ヘタに手を出せば逆襲されてしまう。

ということは「権威主義型いばる人」には、基本的に「触らぬ神に祟りなし」でいったほうがいいんですね。

相手のいばる人ぶりをわからせよう、なおしてもらいたいと思わないほうがよいのです。

お付き合いのコツは、ホメ殺し⁉

いばる人には、自分の存在を強調していばるタイプと、相手を貶めていばるタイプとがあります。

「権威主義型いばる人」は、自分の存在を強調していばるタイプといえます。

相手の存在などお構いなしで、「とにかく自分は偉い」といばるタイプなわけです。言うなれば相手の反応には無頓着な人たちなので、いばられた側が傷ついたり、怒ったりしても罪悪感のようなものは感じません。

そういう点では「これこれ、こうだからよくないと思います」と反論したり、泣いて見せる、怒って見せるといった感情での抗議行動もほとんど効果はない。

じゃ、いばられたらどうすればいいか？

ベストなのは、「そうです、あんたは偉い」と言ってあげればいい。

自己顕示を満たしてあげるというのが賢い付き合い方なのです。

相手と同じレベルで戦ったところで何の効果もありませんから、「しょうがない人間だ」ぐらいに思って、適当にゴマをすっておけばいいわけですね。

上には弱くて下には強いというのも、彼らなりの生き方、処世術だと思えば、そうムカムカくることもありません。

そうやらなければ生きていけない弱い人、裸一貫では生きていけない気の毒な人、素で勝負できない哀れな人だと思えばいい。

相手を否定しないこと、適当に持ち上げておいてあげること、この二点が「権威主義型いばる人」との付き合い方のコツと覚えておきましょう。

第3章

「オレはオマエらより上なんだ！」カースト主義型のいばる人

弱い相手にいばり倒す姑息ないばる人

自分勝手なカースト制度をつくる人たち

いばる人のなかには、あからさまに人を小バカにしていばるというタイプの人もいます。

とにかく相手より自分のほうが上なんだということを強調したがる、いばりんぼうです。

このタイプを私は「カースト主義型いばる人」と命名しました。

インドにはカーストという身分制度がありますね。

人々は最上級の司祭階級を頂点に、王族・武士階級、農民や商人などの庶民階級、奴隷階級の四つの階級と、どの階級にもあてはまらない最下層の階級に区別されています。

ピラミッド型に階層が区分されているわけですが、庶民階級より王族階級がランクが上、王族階級より司祭階級のほうがランクが上と、厳然たる身分差別が存在しており、社会的・身分的に優遇される度合いが変わってきます。

「カースト主義型いばる人」というのは、心のなかに勝手に、このようなカースト制度を作って人をランクづけする。

しかもランクが下と見るやいばる人と化す人といえます。

たとえば、こんな人はいませんか？

会社で雑談をしていると、必ずといっていいほど会話に首を突っ込んできては博識ぶりを披露したがる。

どんな話題にも「ああ、それは○○だよ」「○○のことね、それはさぁ」と、「自分のほうがお前たちより詳しい」ことをアピールする。

こちらが知らないことには、「そんなことも知らないの？」と小バカにした態度をとり、当の本人は得意げに鼻の穴をふくらませている。

もし、この手の人間がいたらよく観察してご覧なさい。

誰にでも博識ぶりを見せつけていばっているわけじゃない。

おそらく自分の知識がひけらかせる相手だけを選んで、「それはさぁ」とやっているはずです。

その人のなかには、いばれる相手といばれない相手の階層区分ができあがっているわけですね。

つまり、もしいばられているとしたら、悔しい話ですが「自分よりランクが下」とみなされているということになるわけです。

「カースト主義型いばる人」というのは、簡単に言えばこういうタイプ。

ランク下の相手には容赦なくいばる人といえます。

ただしインドのカースト制度と違って、あくまで本人の主観でつくられた階層区分ですから、端から見れば勘違いもはなはだしいということになる。

ランクづけされたほうとしては迷惑このうえないですし、よしんば「自分より下」とランクづけされた日にはたまったもんじゃありません。

ところが世の中に意外と多いのが、このタイプのいばる人たちなんです。

はったり、ストレス発散？　その実態は？

A子さんの課の女性先輩社員は、一見「デキル女」風です。

年の頃は三十代後半。

そこそこ美人で気が強く、バリバリ仕事をこなしているように見えるそうです。

美人で、しかも気が強いときていますから、プライドが高くワガママな一面もある。

職場ではチームリーダーのような立場にいるのだけれど、部下に気を配り、上手にみんなを引っ張っていくというより、何でも自分の思いどおりにやらないと気がすまないタイプです。

仕事ぶりもワンマンそのもの。

少しでも自分の思ったような成果が出ないと、「これぐらいのことができないなんて、どうかしてるんじゃないの？」「幼稚園からやり直したら？」「ちゃんと脳ミソ足りてるのかしら」と、まあ担当者をケチョンケチョンにやっつける。

かと思えば、口達者だから自分のミスについては、あれやこれやと言い訳をして認めようとしません。

バリバリ仕事をこなしているように見えるというのも、じつはラクな仕事ばかりを選んで片づけているから。

大変な仕事は、気が弱くて口答えできそうにない部下に押しつけている。

ケチョンケチョンにやられるのも、こうした気の弱そうな人たちばかりなのだそうです。

ところがA子さんは、「この人は実際は気が弱いのではないか。自分を強く見せたいからハッタリでいばるのでは？」と感じたというんですね。

というのも、部下とはいえ、ハッキリものを言う人、気の強そうな人には決して強気な態度には出ない。

本当に仕事の能力が高い人にもいばらないということに、ある日気づいたからだそうです。

つまり、この先輩社員はいばる相手を選んでいるというわけです。

こういう人もいます。

Mさんの上司は、百貨店の食品売り場のマネージャーです。

四十歳前後の男性ですが、この上司がとにかく部下やアルバイトを威嚇する。

仕事を始めたばかりで右も左もわからないアルバイトに、いきなり「お前のようなアホは見たことがない」とアホ呼ばわりし、教えてもいない仕事を部下にやらせては、できない結果を見て「能なし」とこき下ろす。

出入りの仕入れ業者に対しても、「商品を入れてやっているんだ」と思っているのか、挨拶されても返事すらしません。

売り場ではお客さんにとびきりの営業スマイルで応じ、丁重かつ物腰も低いのですが、いったん裏に回ると、とてつもないいばる人に変身するわけです。

その様子はまるで、接客でたまったうっぷんやストレスを、いばることで発散しているかのようだとMさんは言います。

このようないばる人たちは、分類でいえば明らかに「カースト主義型」に相当する人たちですね。

要は、自分より下の人間に対しては攻撃的で威圧的、口答えしない（できない）相手に対してはとことんいばり倒すわけですから。

確かに一見すると、じつは気が弱くてハッタリでいばっている、客商売のうっぷんやストレスを弱い者相手に発散しているだけ、のように見えるかもしれません。

でも、その本人たちの心のなかには歴然とした階層づけができあがっているのです。

たとえば前述のA子さんの会社の先輩社員は、職場での自分をいわゆる王族階級クラスに位置付けています。

庶民階級や奴隷階級に位置付けた相手に対しては非常に攻撃的に接しますが、ハッキリものを言う相手や仕事能力の高い相手は司祭階級にランクづけて、決していばりません。

Mさんの上司のマネージャーは、売り場を離れたところでは紛れもなく自分を司祭階級に位置付けているのでしょう。

あくまで「いばれそうだ」と思った相手にしかいばらず、しかもそうすることで「お前たちより自分のほうが上なんだ」ということを誇示しているわけです。

その階層づけが歴然と表面化しがちな場所があります。

売る人と買う人という関係で成り立っている販売業ですね。

なかには、私語禁止を謳う有名なラーメン店の店主とか、慇懃無礼な態度でじつは客を見下しているイタリア料理店のボーイとか、明らかに相手のセンスを小バカにしているブティックの店員とか、主客転倒したようなケースもありますが、たいてい客のほうがいばるというケースが多い。

それも「お客サマは神様なんだから」とばかりに、店員さんにいばりちらす性質の悪いいばる人がいます。

次のケースは、そうしたいばる人の客たちに泣かされているケースです。

「カースト主義もここまでくると見事！」というDさんの体験談をご紹介しましょう。

お客サマは神様を放棄したくなるいばる人軍団

Dさんの家は食料品を取り扱う個人商店を営んでいます。

お得意さまも多いのですが、そのなかに大変ないばる人軍団がいるのだそうです。

年齢的には五十代から六十代。

全員女性ですが、みんながみんな申し合わせたように男勝りで、高圧的かつ横暴な態度で振る舞うそうです。

Aという客は常に命令口調です。

「～をください」「～はありますか」なんて丁寧語を使ったことは一度もなく、「○○はあるか？　あるなら早くもってこいよ！」といった調子で話す。

自分のことを「オレ」と呼び、店主のことは「オヤジ」と呼んで、ちょっとでも品物を出すのが遅れると、「オヤジィ、何もたもたしてんだよ！　オレを待たせせんなよ！」と怒り出します。

かと思うと、店でバッタリ町内会長さんなんかに出会うと、態度がコロリと変わるんですね。

自分が一目置いている相手には、声音までガラリと変えてヘコヘコしている。

Bという客は、Dさんに言わせると「自分がお店のなかで一番のお客サマと勘違いしている」節があるそうです。

商品は、必ずといっていいほどケチをつけてから買うのが決まりのパターン。ほかにお客さんがいても、お構いなしに商品に文句をつけるので、本当に困るそうです。

しかも近隣のスーパーのチラシをもってきては「お宅のほうが高い。まけろ」と言う。

「客にはお茶ぐらい出すのが客商売というもんだ」なんてことまで言う。

Bも、人によってコロリと態度を変えるのだそうですが、自分にとってどうでもいい相手には一切の遠慮なしにいばりちらします。

店内で子どもが泣いていたりすると、親に向かって「育て方が悪い」と言い放ち、子どもに向かって「甘ったれるんじゃない！」と怒鳴りつける。

Dさんにとっては大事なお客様なのですが、そうした配慮などまったくありません。

Cという客は、ほとんどが電話注文での買い物だそうですが、最後につく言葉は「お願いします」じゃなく、いつも「早くもってきて！」なのだそうです。

この家は資産家の部類に入るようで、デパートの外商部の男性もよく出入りをしているらしい。

ところが、その男性にも同様に横柄なんですね。

夏の日、炎天下のなか呼びつけ、「生ゴミを捨てておけ」と言いつける始末です。

お金で人を動かせると思っているのか、金持ちの自分はハイクラスな人間と思っているのか……。

まあ、いずれにしても、全員が全員、舌を巻くぐらい強烈ないばる人たちというわけです。

お店の店員は客の自分たちより格下だから、何でも言うことをきいて当たり前ぐらいに思っているのでしょう。

彼女たちにとって、Dさんや百貨店の外商部の男性のような人たちは奴隷階級、もしくはそれ以下なのかもしれません。

それにしても、このタイプの人たちは、どうしてこのようなランクづけ型のいばり方をするのでしょうか。

早速次ページから、解き明かしていきましょう。

「カースト主義型いばる人」を大解剖

裏にあるのは劣等感

強い相手には下手に出て、自分より弱いと見るやいばる人に早変わりする。

カースト主義型のいばる人には、このような大きな特徴があります。

それも「権威主義型いばる人」のように自分から「オレは」「自分は」といばり出すわけではなく、相手の言葉や行動を受けてから攻撃してくるのです。

なぜ、そうなのか。

その心理を紐解けば、とにかく彼らは劣等感が強い。

いばる背景にあるのは自己顕示より、むしろ強烈な劣等感なのです。

人と話すときは常に腕組み。

目下の者は見下し、自分がくだらないと思った意見には、冷笑しつつ、適当な論理でやり込めようとする。

「カースト主義型いばる人」が、自分より格下と位置付けた人々にこうした行動をとるのも、じつは大きな大きな劣等感の裏返しといっていいでしょう。

自分を優位に置くテクニック「受身的攻撃性」

そんな「カースト主義型」の特徴をすべて網羅した典型的ないばる人が、N子さんの会社の同僚であるU氏です。

U氏はN子さんと同い年ですが、いわゆる転職組です。

自分と年齢は同じ、しかも女性ながらプロジェクトリーダーを任されているN子さんの存在が気に入らないのか、ことあるごとにN子さんに対していばってばかりいるそうです。

N子さんいわく、U氏の人柄というのは、

・とにかく文句が多い。

・自分の知らないことでも、他人から「知らないんだ」と思われたくない。

・出世に関係ある人にはこびへつらう。

・相手によって態度を変える。
・自分の経験だけであらゆることを語ろうとする。
・プライドが高く、謙虚さのかけらもない。

とのこと。

そんなU氏がどのようにいばるかというと……。

まず、N子さんの仕事のやり方に必ずといっていいほど口を出す。

仕事の最中に「そのやり方じゃダメなんだよ」「オレだったらそうはやらないな」と言ったかと思うと、結果についてまで「あれはダメだったな」「ああしなくちゃマズイだろ」と偉そうに評価をくだしてくれるのだそうです。

だからといってU氏が格別仕事ができるわけじゃない。

何の成果もあげたことはなく、上司の評価もイマイチです。

N子さんが「これは、〜ということですか？」と仕事の内容を確認しようとすると、まず返ってくるのは「はぁ〜？」という、いかにもバカにしたような返事。

その時に機嫌が悪いと「そんなこと知らねえよ」ですまされてしまい、機嫌がよくても「教えてほしい〜？」とニヤニヤしながらもったいぶる。

内心の怒りをこらえて「お願いします」と答えると、「これはねぇ」ともったいをつけながら説明してくれるのですが、さっぱり要領を得ないのだそうです。再度聞きなおすと「こんなこともわからないで、よくプロジェクトリーダーなんてやってられるな」と、ますます小バカにした態度で椅子にふんぞり返る。

N子さんに対してはこのように尊大なのですが、直属の上司の前では悪代官にこびへつらう回船問屋のような態度に早変わりするそうです。

上司の話に「僕もそう思ってたんですよ」とゴマをすったり、「僕もその話知ってました」と知ったかぶりをしたり。

おまけに「○○会社の部長さんが僕のことを気に入ってくれて」「前の会社では××の仕事まで任されてもらっていたんです」と有能ぶりをアピールして取り入ろうとします。

N子さんにしてみれば、そんなU氏のいばる人ぶりは、怒りを通り越して不思議でならないとか。

「他の人からどう思われるかなんて考え、彼には浮かばないのでしょうか?」と首を捻ります。

もちろん、そんなことはありません。

劣等感の強い彼らですから、他人からどう思われるかというのは最大の関心事でしょう。

ただそれが「こんなことをしたら、相手がどう思うか」「嫌われるのではないか」という方向に向かないだけなんですね。

あくまで「自分のほうが上」と思わせたい。

そのためにも自分を大きく見せたいという気持ちがとても強い。

そういう意味で、他人の目を非常に気にする人たちなんです。

言いかえれば、自分を貶めたくないから常に相手より優位に立っていたい。

そこで相手の話や態度や行動に対して、なんやかやと文句をつけたり、小バカにした態度をとって、自分のほうが偉いと見せつけたがるのです。

これを専門用語ではパッシブ・アグレッシブ、受身的攻撃性と呼びます。

自ら「オレはこんなに偉いんだ」とはいばらない。

相手の言動を受けて、「自分なら」という形でいばるわけです。

こういう人は受身的自己愛の強い人ともいえるでしょう。

甘えが強く、人の注目を集めるような方向でいばる。

知ったかぶりをしたり、「以前の会社では」と有能ぶりをアピールしたりするのも、受身的自己愛の強さによるものです。

言うなればカースト主義型のいばる人は「オレが、オレが」という形で自分をストレートに出さない変化球型のいばる人なのですね。

その点が、PART2の「権威主義型いばる人」と大きく異なる部分といえるでしょう。

超変化球型は謙遜しながらいばりまくる

直球勝負でこないといえば、このような超変化球タイプの「カースト主義型いばる人」もいます。

S美さんの職場の先輩社員は、いばる人に特有の高圧的な態度で職場を仕切り、送別会の段取りや夏休みのシフトなどを勝手に決めてしまったりします。

どうやら幼少期に苦労した経験があるらしく、普段は何事にも「自分はみんなより世間を知っている」という態度で強気にいばっています。

ところが少しでも非難めいたことを言われると、「どうせ私はみんなと違うから」などと卑屈に言って見せる。

そう言いつつ、態度は「苦労知らずのあなたたちとは違うのよ」と語っているそうです。

また、I子さんの同僚は、仕事を頼まれると「私は何もわからないから」というセリフを連発するそうです。

言葉では謙遜しているのですが、その実「そんな仕事を私がやると思ってるの？　あなたがやればいいでしょ」と見下したような態度なのだとか。

Gさんの職場にも似たようなタイプのいばる人がいます。

三つ上の先輩社員ですが、「僕なんかずっと法律畑の仕事をしてきたからね、今のような仕事は向かないんだよ」「僕なんかクラシックが趣味でしょ？　ほかの音楽のことはまったく知らないんだよ。興味もないし」と、「僕なんか」を連発する。

言葉では自分を卑下しているのですが、よくよく聞けば、いばっているのと同じなんですね。

こういう人たちは、一見「自分なんか」という殊勝な態度をとりながら、実際は心のなかで「お前たちとは違うんだ」と相手を見下しているわけです。

表立ってはいばらない、しかもあからさまに小バカにはしない、けれどもじつは「自分のほうが上」といばっている。

なんとも屈折したいばり方なのです。

「カースト主義型いばる人」は、他人からどう見られているか、他者比較という部分での自意識が強い人たちです。

この部分がとくに強いと、この手の超変化球型になるといっていいでしょう。

つまり心のなかでは「あなたとは違う」という特権意識をもちながら、面と向かってそれをぶつけてこない。

態度はおしなべて慇懃無礼な場合が多い。

ガッといばってこない代わりに、さりげなく優位に立とうとしているわけです。

同じ「カースト主義型」でも、「そんなことも知らないのか」とわかりやすくいばる人のほうが、まだ可愛げがあるような気になってきますね。

階層主義は本人なりの自己防衛

こうした人たちは、ある意味で差別的といえます。

心のなかでは常に人を自分より上か下か品定めしているわけですからね。

もちろん人間なら誰しも、少なからずこうした部分を持ち合わせています。

けれど、だからといって「お前より偉い、オレのほうが上だ」なんてことをことさら強調しようとは思いません。

まあ、せいぜい心密かに「自分のほうができるな」「この人よりはマシだろう」と思ってしまいでしょう。

彼らが、常に人をランクづけしてしまうのは、やはり一つは成長過程における問題ではないかという気がします。

私のお袋は自分自身が大変ないばる人でしたけれど、負けず嫌いで目立ちたがり屋だったためか、一流の人との付き合いも多かった。

私も小さい頃から、一流の絵描きさんの家や伯爵といった家柄のお家へよく連れていってもらいました。

いっぽうで子育ては放任主義でしたから、私がどんな子と遊ぼうと一切口出ししなかった。

それこそ家柄のいい子から、貧しい家の子まで、いろいろな友達と遊びまわったものです。

一流志向のお袋だったのに、息子の友達についてはうるさく「あんな家の子と遊んではいけません」というようなことを言わなかった。

これは今にしてみるとありがたかったなあと思います。

身分で差別するようには育てられてこなかったわけですから。

おかげで、私はあまり人を差別的に見るということをしないでいるのですが、もし「あんな家の子と」とか、「あなたはほかの子と違うんだから」といったことを言われ続けて育ってきたら、あるいは差別的な考え方の持ち主になっていたかもしれませんね。

もちろん、差別的な考え方を身につけてしまったから「カースト主義型いばる人」になってしまった、とは必ずしも言えないでしょう。

それよりも、大きな劣等感を抱かざるを得ないような体験をしたというほうが、この手のいばる人の理由としては当たっているのかもしれません。

ただ、いずれにしても、劣等感というのは生まれもってくるものではありませんから、このタイプのいばる人は、そこが肥大化するような育ち方をしてきてしまったことは確かでしょうね。

劣等感が肥大化してしまって、その裏返しでいばる。

それが彼らの生き方となってしまっている。

言葉をかえれば、心のなかでランクを作って、相手によって接し方を変えるという生き方をせざるを得ないのかもしれない。

なぜなら彼らにとって、人を小バカにするのも一種の自己防衛、自分を守るための手段なんですね。

傷つきたくないから、演技で人を見下す、小バカにする。

そう思えば、大いに同情の余地ありという気になってきます。

「カースト主義型いばる人」との付き合い方

じつは反撃に弱い⁉

前章で、いばる人には、自分の存在を強調していばるタイプと、相手を落としていばるタイプとがあると言いました。

PART2の「権威主義型いばる人」は、自分の存在を強調していばるタイプだったわけですが、本章の「カースト主義型いばる人」は後者、すなわち相手を落としていばるタイプです。

権威主義型が「自分は」と居丈高にいばるのに対して、カースト主義型は「あなたは」と相手をけなしていばるというわけです。

たとえば、R子さんがテニス大会に参加した時に遭遇した中年男性は、大会の間中、参加選手をことごとく罵倒し続けていたそうです。

どうやら会場責任者らしき人物だったのですが、

「お前らみたいな初心者はルールもわかっていないようなヤツが多い。だから説明してやるけど」

「オレは××協会の役員だから、いろんな試合の監督もしてるんだ。だから試合なんか見なくても、お前らがヘタクソだってわかる」

と、いばることいばること。

おまけに選手を名前ではなく番号で呼びつける。

これだけ鼻息荒く人をけなしておいて、肝心のルール説明は適当。

しかもヘタクソで何を言っているのかわからない。

R子さんは「炎天下での試合だから早く終わらせたいんだろうな」ぐらいに思っていたのですが、上級クラスの人たちのエントリーが始まると、打って変わったようにバカていねいな態度で対応している。

もちろん番号なんかではなく、きちんと名前で呼んでいたそうです。

と、この男性のように、上級者にはバカていねい、初心者級のクラスの人たちに対しては「お前は」「あなたは」というやり方で相手を落としていばるというのは、典型的な劣等感の裏返し。

いばることで劣等感を満足させているわけです。

ただし「カースト主義型いばる人」というのは、劣等感が非常に強いタイプなだけに、じつは攻撃されるとかなりこたえてしまうんですね。

そこも前章の「権威主義型いばる人」と異なる点といえるでしょう。

「権威主義型」は相手のことなどお構いなしに一方的にいばるタイプですから、相手がどのような反応を見せようと関係ない。

ところが「カースト主義型いばる人」は、相手から反撃されると、心のなかで罪悪感を感じやすいのです。

その場ではフフンといった態度でがんばるけれど、家に帰ると反省して落ち込んでいるのがこの手のタイプ。

そういう意味では、理詰めで反論したり、「傷ついた」といって泣いて見せたりするのは、それなりに逆襲効果ありといえるわけです。

でも、心のなかでは「悪かったな」と思い反省もするタイプなのですが、だから態度を改めるかといえば、そうはならない。

反省はするけれども、その反省がまた劣等感を大きくして、「いかに自分を強く見せるか」という方向に向いてしまいやすいんです。

反省しても、劣等感がなくなるわけじゃありませんから、結局いばる人はなおらないというわけです。

このタイプに逆襲できる三つの方法

とはいえ、いろいろないばる人のなかで、ギャフンと言わせたいと思えばギャフンと言ってくれる唯一のタイプですから、腹に据えかねる人は反撃を試みるのもいいかもしれません。

その場合、彼らと同じように、相手をけなして反撃するというのは得策じゃない。「お前らみたいな初心者はルールすらわかっていない」と言われて、「そういうあなたも、きちんとルールをわかっていないんじゃないの?」とやってしまってはダメなのです。

効果的な方法としては、感情で訴える。

「そんなふうに言われて、傷つきました」と泣き崩れるなんてのは、かなり効力があります。

劣等感が強いということは不安も強いということですから、その分罪悪感も感じやすい。

ですから、ランク下と見下していばりちらした相手が、大ダメージを受けた様子を見せると、意外や罪悪感を抱いたりする。

そうやって罪悪感を刺激して、反省させるという反撃方法が一つ。

ただし、先ほども言いましたように、反省したからといっていばる人ぶりが消えるわけではありませんが……。

ほかには「実際は、いばっているあなたよりも自分のほうが上」というところを見せるという方法もあります。

「こいつにはいばれない」と思えばいばるのをあきらめてくれるタイプですから、「私はあなたがいばれるような人間ではない」と示せばいいわけです。

一目置かれる存在になって、彼らの心のなかにできあがっているランクづけを変えてしまうわけですね。

どのような根拠でランクをつけているのかは、実際には本人にしかわからない部分です。

しかし少なくとも、「こいつはいばっても口答えしない」「こいつは自分には逆らえない立場にある」と思っているからいばっていることだけは確かでしょう。

ですから、理詰めで反論する、冷静に抗議する、仕事で上をいくという形で一目置かせる。

こうすれば、とりあえずは攻撃から抜け出すことができるはずです。

もしもこうした方法をとりたくない、穏便にすませたい、適当に関係を保っておければいいというのであれば、ウソでもいいから「あなたのことは大好きですよ」という態度で接する方法もあります。

劣等感から発生している不安感情を減らしてあげる、つまり、好意的な態度で安心させてあげればいいわけです。

それで、いくらかいばる人ぶりもやわらぐでしょう。

とはいえ、この方法でいくには、かなりガマン強くなくちゃいけない。

「どんなにいばられてもガマンできる」という方なら、試してみてはいかがでしょう？

第4章

「やりたいようにやって、どこが悪い⁉」不機嫌自己チュー型のいばる人

わがまま放題でお天気屋、あくまで自分中心な人たち

本人はいばっているわけじゃないのだが……

いろいろな人にいばる人の特徴を尋ねてみると、高圧的で威圧的、尊大で横柄という答えのほか、「自己中心的」という言葉もたくさん出てきます。

多くの人が、いばる人は自分勝手で、人のことなど考えていないと感じているわけですね。

確かに、どんないばる人に泣かされているか、あるいは不愉快な目に遭わされているかを聞くと、何事につけても自分中心ないばる人の話がいっぱい出てきます。

なかでも気分屋でわがままといった自己中心性を発揮しているいばる人となると、なぜか圧倒的に女性のほうが多い。

男性の場合は、同じ自己中心でも、威圧的、尊大、横柄という特徴が色濃く出るようです。

男性にも気分屋でわがままというばる人はいますが、どういうわけかこの手のタイプは女性が大半を占めているんですね。

そこで、この章では自己中心的ないばる人のなかでも、女性に多いタイプのいばりんぼうをとりあげてみることにしました。

気分のムラが激しく、わがままという特徴を備えたいばる人たち——名づけて「不機嫌自己チュー型いばる人」です。

もちろん、このタイプは男性のなかにも存在します。

ケースはすべて女性ですが、タイプ分析と対処法は男女兼用ですから、身近な男性にこの手の人がいたら活用してください。

さて、「不機嫌自己チュー型いばる人」ですが、じつはこの人たちには「自分はいばっている」という意識はかけらもないんですね。

ところが、あまりに自分勝手に振る舞うから、まわりの人間にはいばっているように見える。

基本的には自分勝手に振る舞っているだけという人たちなのですけれど、まわりを不愉快にさせ、時には迷惑をかけるという点で、ほかのいばる人たちと何ら変わることはありません。

たとえば、かつて接客業をしていたJ子さんの元同僚、Yさん。

二十五歳の既婚女性ですが、彼女がナンとも自己中心的でした。

基本的には明るく、にぎやかな性格なのですが、自分よりもあとから入ってきた人やパート・アルバイトさんには、なぜか初対面の時から冷たい態度で接するのです。

物のあり場所がわからずマゴマゴしているのを見ても知らんふり。

仕事を教えてあげようなんて気はさらさらなく、ミスをしようものなら「こっちが（お客さんに）謝らなきゃならないんだから、困っちゃうのよね」と聞こえよがしに文句を言う。

そのくせ、頼みごとをする時だけは後輩たちにも愛想がいいのだそうです。

その頼みごとというのも「〇〇のバーゲンが始まるから整理券をもらってきて」「帰りにたくさん買い物があるから車を出してくれ」、あげくには「あのアルバイトの男の子がカッコいい。電話番号を聞いてきてよ」など、仕事とは無関係な私用ばかり。

おまけに、このYさんというのは大変な気分屋だったそうです。

機嫌が悪い時は朝からむっつりとして、「私は今日は機嫌が悪いのっ！」というオーラをまわり中に撒き散らす。

普段の明るさ、にぎやかさはどこへやら、不機嫌モードに入ってしまうと人を一切無視、口すらきかない。

そのため、まわりは非常にイヤな思いをするんですね。

まわりの人たちは、いつも彼女の顔色をうかがわざるを得ない。

もちろん、こんな時はお客さんにも無愛想です。

もし私がお客さんだったら、「いやぁ、これでよく接客の仕事ができているな」と首を捻ってしまうでしょうね。

当然、職場では嫌われモノでしたが、本人はそのことに一向に気づいていない。

それが救いなのか、ソンなのかわかりませんが……。

このように周囲を振り回し、迷惑をかけやすいというのが「不機嫌自己チュー型」のよくあるパターンです。

けれども、本人たちにはいばっているという意識はない。

Yさんにしても、決して「自分はいばる人」だとは思っていなかったでしょう。

「不機嫌自己チュー型」は、「権威主義型」や「カースト主義型」のように、相手より優位に立ちたいと思っているわけでもありません。

単に行動が自分中心というだけです。

しかし都合のいいように人を使おうとする、機嫌のよし悪しで人への接し方が変わるという部分において、「いばってるんじゃないの?」といった印象を与えがちなタイプなのです。

また「不機嫌自己チュー型いばる人」は、行動パターンによって、さらに大きく二つのタイプに分けられるようです。

一つは「わがまま肥大」タイプ、もう一つが「不機嫌・気分屋」タイプです。

空気を読まず自己チューぶりを発揮する女王様たち

わがまま肥大タイプとは、いわゆる自己チューと呼ばれる人たちといえます。

自分のやりたいように行動し、思うようにいかないと気分を損ねて不機嫌になる。他人の状況や感情にはまったく頓着しないで、自分の気分や欲求を最優先させる人といっていいでしょう。

Nさんの仕事仲間にも、「よくこれで、この年齢まで社会人を続けて来られたな」と半ば感心してしまうほど自己チューな女性がいるそうです。

年齢は四十歳ぐらい。

数人で固まって話をしているのを見かけると、すぐに「なに？　なに？」と輪に加わろうとします。

大事な仕事の打ち合わせをしていようが、内輪話をしていようが、雑談だろうが何だろうが、お構いなし。

彼女に関係のない話題であっても、すぐに首を突っ込んでくるので大変困ってしまうそうです。

とくに大事な仕事の話や内輪話をしている時は大変です。

みんなで困った顔をして見せたり、あからさまに話題を変えたりして、「聞かれてはマズイ話なんだけれど」「あなたには関係のない話ですよ」と、雰囲気で伝えようとしても気づかない。

それどころか「ねえ、それで？」と話の先を促したり、「それってさあ、やっぱりこういうことだよね」と話題の主導権を握ろうとする始末。

仕事ぶりも自己チューそのもので、私語は多いし、私用電話も多い。

その日のうちに片づけなければならない仕事があっても残業は一切やらず、後輩に押しつけて帰ってしまうそうです。

月末や決算期など、猫の手を借りたいほど忙しい時期であっても、「今日は体調がよくないから行きません」と電話一本で休んでしまい、出勤したらしたで、大変な仕事は人任せ。

自分はラクな作業しか引き受けません。

「コピー機が使いづらいから場所を移動したほうがいい」、「パソコンが使いにくいから新しいものに買い替えるべきだ」といった提案・主張も、すべて自分にとって不便だからというのが理由です。

提案や主張が却下されると「なんで？　なんでダメなの？」と食い下がり、最後にはブスッとした顔で不機嫌モードに突入してしまいます。

よく言えばマイペースなんですが、とにかくまわりの状況も場の空気も読めない、呆れるほどの自己チューぶりを発揮しているわけです。

感情コントロールのできない迷惑千万な人たち

こうしたわがままいっぱいな人も迷惑この上ない存在ですが、自分のマイナス感情をストレートに出してしまう不機嫌・気分屋タイプも、まわりにしてみればたまらないでしょう。

とくに気分がコロコロ変わる お天気屋 お姉さんは、まわりに余計な気を遣わせて、職場やグループの雰囲気を悪いものにしてしまいます。

Dさんのパート先にも、この お天気屋 お姉さんがいると言います。

売り場主任の三十代の女性社員ですが、機嫌が悪いと返事すらしてくれず、やたらと大きな音を立てて乱暴にモノを扱うのだそうです。

ドアをバタンッと閉める、ファイルをバンッと机に投げ出す、電話を切る時も受話器をガチャンッ。

機嫌のいい時は普通なのですが、いったん機嫌が悪くなると誰も近づくことができません。

しかもいつ、何が原因で不機嫌になるかわからない。

「返事の仕方が気に食わない」「休憩をとりそびれた」「FAX用紙が補充されていない」などの些細な理由でスイッチが入ってしまうため、まわりの人はビクビクしながら、腫れ物に触るように接しているのだそうです。

時として、朝から眉間にシワを寄せている日があるのですが、こういう日は一日中不機嫌の嵐にさらされることになります。

Dさんの職場では、出勤するとまず「今日の彼女の様子はどう?」と確かめ合うのが日課になっているそうです。

わがまま肥大タイプと不機嫌・気分屋タイプとでは、自己中心的な行動パターンが若干異なっています。

けれども「自分さえよければいい」という意識が強く、本人のなかに他者の存在がないところは共通しているといっていい。

また、この「自分さえよければ」というのは、「不機嫌自己チュー型いばる人」全体のキーワードともいえるでしょう。

「自分は偉い」でも「お前らより上」でもない、「自分さえよければ」という心性に支えられた人たち。

だからまわりが気にならない、どう見られているかも気にしない。

わがままを通そうとするし、感情のコントロールもしようとしない。

ある意味で、自分の欲求には素直と言えますが、社会生活には大いに問題ありな人たちが「不機嫌自己チュー型いばる人」なのです。

では、彼女（彼）たちは、どうしてそんなふうになってしまったのでしょうか。

自分に甘く他人に厳しい「不機嫌自己チュー」大研究

このタイプを読み解くキーワード「自己愛」

何をするにも自分中心、おまけにいいように他者を操作しようとする――「不機嫌自己チュー型いばる人」は、自分の気持ちが満足するように動き、そのために人を都合よくつかいます。

こうした行動パターンを支えているのは「自己愛」。

この人たちは自己愛の非常に強いタイプといっていいでしょう。

自己愛とはナルシシズムとも言われますが、要するに自分で自分を愛する感情のことをいいます。

自己愛がなければ人間は自分で自分を肯定するということができなくなる。

ですから人が健全に成長していくうえで必要な感情ではありますが、これが度を過ぎると自己陶酔、強度のうぬぼれにつながりやすいのです。

さらに自己愛が病的なほど強くなると、これはもう人格障害という病気の範疇に入ってきます。

ところで、ちょっと話は横道にそれますが、精神医学の世界はドイツで基礎が築かれ、発展し、世界に広がっていきました。

私もドイツの精神医学を参考にしていますが、現在の日本ではだんだんとアメリカの精神分析を元にすることが多くなってきたようです。

もちろんアメリカもドイツを基本として発展してきたのですが……。

それはさておき、日本で現在よく使われるようになってきたアメリカ流の精神分析を参考にすれば、自己愛が病的なほど強い人は「自己愛性人格障害」の人ということになります。

つまり病的パーソナリティの持ち主ということですね。


タイプ分析のマスターキーとなる「自己愛性人格障害」

ところで、この「自己愛性人格障害」とはどういうものなのでしょう？

アメリカ精神医学会の診断基準（ＤＳＭ－Ｖ）によると、自己愛性人格障害とは以下の基準を満たす人となっています。

「自己愛性人格障害」

誇大性（空想または行動における）、賞賛されたいという欲求、共感の欠如の広範な様式で、成人期早期に始まり、種々の状況で明らかになる。

以下のうち五つ（またはそれ以上）で示される。

❶自己の重要性に関する誇大な感覚（業績や才能を誇張する、十分な業績がないにもかかわらず優れていると認められることを期待する）。

❷限りない成功、権力、才気、美しさ、あるいは理想的な愛の空想にとらわれている。

❸自分が特別であり、独特であり、ほかの特別なまたは地位の高い人たちに（または施設で）しか理解されない、または関係があるべきだと信じている。

❹過剰な賞賛を求める。

❺特権意識。

特別有利な取り計らい、または自分の期待に自動的に従うことを理由なく期待する。
❻対人関係で相手を不当に利用する。
自分自身の目的を達成するために他人を利用する。
❼共感の欠如。
他人の気持ちおよび欲求を認識しようとしない。
またはそれに気づこうとしない。
❽しばしば他人に嫉妬する。
または他人が自分に嫉妬していると思い込む。
❾尊大で傲慢な行動または態度。

九項目のうち、半分以上該当すれば「自己愛性人格障害」と診断されると言っているわけですが、「不機嫌自己チュー型いばる人」に当てはまる項目が、結構多いことに気づくのではないでしょうか。

自分を「特別」な存在だと思っている。
まわりにも「特別」扱いを要求し、自分の欲求は満たされて当然と思っている。
また、自分の欲求を満たすためには人をどんどん利用する。

思いのままに動かそうとする。

「不当に利用する」というのは、搾取するばかりで、自分からは何も与えないということでしょう。

対人関係がギヴ&テイクじゃないんですね。

しかも他人の気持ちや欲求に思いを至らせない。

相手がどう思っているか、何をしてほしい（してほしくない）のか、想像することができない。

想像力も共感する能力も欠如しているわけです。

一言で言ってしまえば自分に甘く他人に厳しいということになる。

まあ、見事に不機嫌自己チュー型と一致する部分が多いわけですが、要するにこのタイプはアメリカ流の精神分析でいうと、自己愛性人格障害に限りなく近い人か、あるいは自己愛性人格障害そのものの人と言えるのではないかと思います。

わがままタイプは自己顕示が強い

さらに、わがまま肥大タイプと不機嫌・気分屋タイプに分けて言えば、わがままタイプというのは自己顕示が強い性格の人なんですね。

負けず嫌いで人に弱みを見せない。

人の好き嫌いも激しくて、自分が好きな人はとことん面倒を見るけれども、嫌いな人にはいじわるばかりする。

会社でお局さまと陰口を叩かれてしまうような女性には、こうした自己顕示の強過ぎる人が多いのかもしれません。

M美さんの会社の三十三歳になる先輩女子社員は、とにかく性格がひねくれている。怒りっぽくて、誰かがミスをすると、そのミスをずっと責め続けるのだそうです。男性社員も平気で怒鳴りつけ、まさに怖いモノなしのように振る舞っている。

人の好き嫌いも大変激しいそうです。

好かれれば何かと優遇され、かわいがってもらえるのですが、嫌われたら最後、無視や陰口などの陰険な攻撃にさらされる。

彼女に嫌われてしまったある人は、「私のロッカーのそばにあるのが気に入らない」という理由で、知らぬ間にロッカーを移動させられてしまいました。

しかも、こうしたいじわるや陰口は必ず取り巻き連中と一緒になってやる。

ロッカーも、取り巻きの後輩社員を使って移動させたのだそうです。

まさに自己顕示の人ならではの、わがまま自己チューぶりという感じです。

自己顕示性性格の強い人は、うまくすればそこそこ社会的に高い地位までいけるのですが、悪い方向に働くと、この先輩社員のようになってしまうんですね。

しかも性格ゆえにまわりから嫌われる傾向が強くて、非常に孤立しやすい。

この先輩社員も、本能だか無意識的にか、そこの部分を感じとっているのかもしれません。

だから徒党を組んで、集団でいじわるをしたりするのでしょう。

ただ弁護するわけではありませんが、自己顕示が強くてわがままな人は、本音では淋しがりやだったりすることもあるんですね。

取り巻きをつくったところで、その連中は心からの仲間ではありませんから、実際はグループのなかでも孤立している。

私の母がまさにこのタイプでしたが、お袋も本音は淋しがりやだったのだろうと思います。

負けず嫌いで、絶対に「ありがとう」なんてことは言わない性格でしたけれど、それだけに孤立していて心の奥では淋しかったのでしょう。

そう感じたのは、亡くなって一年後、お袋がよく出かけていた箱根の山小屋のゲストブックにこんな文章が残されていたからなんです。

嫁さんたちの名前を書いて、そのあとに「わがままな私によくしてくれて、ありがとう」と書かれていた。

日付は亡くなる一年前のものでしたが、これを読んだ時、「ああ、本当は淋しかったんだな」と気づきました。

それでも、自己顕示の人というのは、相手に面と向かってはこういう素直なお礼などは口にしない。

どこまでもわがまま。

こうした性格はなおりません。

ですからわがまま肥大タイプも、「この人はずっとこのままだ」と思っていたほうがいいのです。

不機嫌タイプは社会性が未熟

いっぽうの不機嫌・気分屋タイプの人というのは、性格的にうつ的傾向が強いのでしょう。

とくに、いつもいつも不機嫌で暗いというのは、うつ的性格によるものといっていいのではないかと思います。

こういう人は、心のなかでしょっちゅう自分を責めて、自己嫌悪にかられていることが多い。

何をするにしても「始めからうまくいきっこない」と決めつけてしまうことも多い。

だから不機嫌なんです。

「一怒一老《いちどいちろう》」という言葉があります。

一つ怒るたびに一つ年をとる。

心が不機嫌だと老け込むのも早いよという意味の言葉ですけれど、不機嫌・気分屋タイプの人も「一怒一老」、早く年をとっていっちゃう。

かわいそうな人だと思います。

また、自分の感情を押さえ切れずにまわりに当り散らすというのは、社会性が十分に育っていない証拠でもあるでしょう。

おそらく育ってきた背景、親子関係が要因で未熟なままなんですね。

こういう人に限って「親がまったく自分を理解してくれない」と訴えてくる。

そういう人には、

「それは当たり前なんですよ。あなたと親御さんではジェネレーションが違うのだから、育ってきた時代も違うんです。親が理解してくれるなんてことは、一生ありませんよ」

と言ってあげたい。

親と自分とでは育ってきた時代が違うんだから、親が理解してくれることを望んじゃいけない。

ここを認識できないのです。

つまりは甘えん坊な人というわけです。

親がちゃんと大人になれるようにその人を育ててこなかったのでしょう。

だから社会性も身につかないんですね。

こういうタイプは、基本的に集団生活はできません。

まわりがみんな不愉快になってしまう。

私がこのタイプだったら、会社勤めをやめて一人でできる仕事を始めますよ。

もちろん商売も向かないから、それ以外の仕事でね。

そうは言っても自己愛が強くて自分中心ですから、本人たちは自分の行動がまわりを不愉快にさせているなんて気づきもしない場合が多い。

自分が集団生活に向かないタイプだという自覚もないでしょうから、まわりにいる人たちにしてみれば近寄らないのが一番ということになる。

わがままタイプにしても、不機嫌・気分屋タイプにしても、基本的には関わらないことが大前提。

本人はますます孤立を深めて、自己顕示を強めたり、さらにうつ的になっていくかもしれませんが……。

でも自己愛の強い上司をもつと部下がうつ病になりやすいと言われるほど、まわりの人たちのメンタルヘルスを悪くしてしまうのが彼らのようなタイプなんです。

ですから、離れているのが一番いいわけです。

「不機嫌自己チュー型」はどう料理する？

上の立場の人からの「ガツンと一発」が効果あり

とはいっても、同じ職場で仕事をしていたり、上司や部下の関係にあったりすれば「近寄らないのが一番」というわけにはいきませんよね。

お付き合いしていかざるを得ない環境にあるとしたら、性格自体をなおせないまでも、自己チューぶりは少しでも改めてもらいたい。

そう思う人も少なくないでしょう。

ならば、何か方法はあるのかと言いますと、こういう人たちはまず社会性という部分で大いに問題がある。

集団生活のなかでは、そうしたわがままは通用しないのだということを、上の立場の人からガツンと一発言ってもらうのが一つです。

どうにかしたいと思ったら、上司という立場にある人が言うべきなんですね。

ただ、叱り方にはコツがあります。

自己顕示の強いわがままタイプは、面子をつぶさないように叱ることが大事です。人前で叱ったりすると「面目をつぶされた」と感じて、モウレツに怒り返してきますから。

できれば、会議室や個室のような場所に呼び出して、一対一で叱ってもらうのがよろしい。

その際も、いきなり叱責するのではなく、「キミのこういうところは非常にいい点なのだから、こうした振る舞いをするのはソンになりますよ」などと、おだててから叱るのがコツでしょう。

自己顕示は、とにかくおだてておくと機嫌がいいのですから、ほめてから注意するという方法をとれば、聞き入れてくれる可能性があるのです。

自分の不機嫌さを周囲に振りまく人、気分屋で感情のコントロールがきかないような人は、甘やかされ、ちやほやされて育ってきた人であることが多く、社会性が未熟で足りていないことが自己チューの大きな要因を占めていると考えられます。

こういうタイプは、社会性を育てるという意味でも人前で叱ったほうが効果が出やすい。

「キミのそうした行為は職場内にいい影響を与えない。機嫌の悪さを振りまくのはやめなさい」と、きちんと叱る。

そこで「でも」とか、「だって」「しかし」という言葉が出てくるようだったら、「そうした否定の言葉を使うのではなく、自分はという言葉を使って意見として伝えなさい」と叱る。

つまり、どういう行為が人に迷惑をかけるのか、社会に出て集団のなかで働くうえで何が大切なのかを教えるわけですね。

社会性が未熟ということは、要は幼い子どもと同じということです。

ですから子どもを一人前の社会人に育てるようなつもりで叱ればいいわけです。

叱れない立場なら近寄らない、触らない

ただし、あくまで上の立場にある人からガツンとやってもらうというのが、ポイントになります。

同僚や部下という立場の人が注意してしまうと、猛反撃に遭いやすい。

もちろん、素直に聞き入れてくれる可能性も低いでしょう。

ですから叱れる立場にない人たちは、先ほども言いましたように極力近寄らないようにするのが得策です。

立ち向かおうとしたり、自己チューぶりをわからせようとしても、玉砕する可能性のほうが高い。

それに彼らの言動に巻き込まれたり振り回されたりして、自分がうつ病にでもなってしまったら、それこそつまらないですから。

会話は必要最低限のものだけにして、できれば席も離してもらったほうがいい。

自己チューが腹に据えかねたら、仲間同士でグチをこぼし合えばいいんです。

そうやって身を守るのが、じつはベストな対処法だと心得ておくといいですね。

第5章

「オレの言うことを聞け！」自意識過剰型のいばる人

「オレの言うことを聞け！」、独裁好きなメーワク者たち

根拠のない自信、ゆるぎない信念がなんともハタ迷惑

自分の思うとおりに物事を牛耳りたい。

これがこの章に登場するいばる人たちの特徴です。

自分の思うとおりにとはいっても、PART4の「不機嫌自己チュー型いばる人」たちとは少々違うのがこのタイプ。

不機嫌自己チュー型は、あくまで自分の気のすむままに行動したい、自己の感情や欲求を何においても優先する人たちでしたが、本章のいばる人は感情や欲求優先というより、とにかく認められたいという心性が強い人たちといえます。

それが過剰なほど物事を牛耳り、ワンマンな言動につながる「仕切り屋」という行

動パターンになって現れるのですね。

たとえばC子さんの暮らすマンションにこんな人がいます。

マンションの自治会の会長をしているWさんとその妻。

この夫婦がそろって大変ないばる人なのだそうです。

そのマンションに越してきた当時から、自治会には積極的に参加。活発に意見を述べてくれるのはいいのですが、大体は「こういうやり方のほうがいい」と自分の意見を主張するばかり。

おまけに前自治会長のやり方をさんざん非難して、言いたい放題の悪口三昧。

その自治会長が辞したあと、「公正に、堂々と自治会を運営していきます！」と鼻息も荒く立候補して新会長におさまったのですが、会長になった途端に、今度はやりたい放題が始まりました。

近隣の連合町内会への参加も勝手に辞めてしまい、「オレ流」で自治会を仕切ることしきり。

どうやら「この役をできるのは自分しかいない」という強い思い込みに支配されているらしく、いつの間にやら自治会はW氏の独裁体制に。

妻は妻で、夫が自治会長をしているというのが自慢で、自分は役員でもないのに運営にまで口を出し、夫と二人三脚で自治会を牛耳っているそうです。

いっぽうで、「このマンションのためだから」と集会室で子どもたちに勉強を教え始めました。

ところが陰では、「このマンションの子たちは頭が悪い子ばかり」とか、「親の学歴が低い」だとか、「○○さんのところはあんな仕事をしているから」などの差別発言を繰り返す。

当然、自治会のほかの役員や住民との摩擦はすごいものです。

非難の声が集中するのはもちろん、時には中傷する手紙が玄関ポストに投げ込まれたりしたこともあるそうです。

しかし、まったく意に介さないんですね。

「これもみんな自治会のための試練」と逆境（彼らにとっての）に酔い、どんなトラブルにもへこたれない。

取り巻き連中には愛想がいいけれど、少しでも気に入らないことをする人には言葉遣いも命令口調、居丈高に振る舞い、相手の言い分など聞く耳もたずを貫きます。

自治会でも「自分がいかに努力しているか」「いかにやり方が素晴らしいか」など、大半は自慢話ばかり。

自分たちが常に注目されていないと気がすまない様子なのだそうです。

C子さんによれば、どうも以前住んでいたところでも、同様にいばる人ぶりを発揮してトラブルメーカーになり、住んでいられなくなったらしいとのこと。

新天地で心機一転、「今度こそ自分たちの王国を築いてやろう」という意気込みがひしひしと伝わってくる、何ともハタ迷惑ないばる人たちのようです。

「自分は正しい」と譲らないガンコな仕切りたがり屋

W夫妻に限らず、この章のいばる人たちはとかく「オレ流」を発揮したがります。まわりの迷惑などお構いなし、世界は自分中心に回っているとばかりに振る舞うんですね。

Fさんも、そんないばる人に遭遇した一人です。

それも、出会ったのは病院の駐車場。

駐車場を管理するオジさんが典型的な「オレ流いばる人」だったそうです。

そのオジさんは六十代半ば。

よくいえば職務に忠実で熱心なのでしょうが、空きスペースを探して駐車場内をウロウロしている車を見つけるや否や、ものすごい形相と剣幕で飛び出してきては、

「何をやってるんだ！」と運転手を怒鳴りつける。

どうもオジさんの頭のなかには、車が走るべきコースがきちんとできあがっているらしい。

少しでもそのコースからはずれてしまうのが許せない様子なのだとか。

場内に目を光らせ、ちょっとでも違うコースを走ろうものなら全速力で走ってきて、「ここは走ってはダメだ！　すぐに出ろ！」と口角泡を飛ばして怒りまくるのだそうです。

Ｆさんも一度、駐車エリアを探していてオジさんに捕まってしまいました。

別のコースを行って、向こうの空きスペースに停めるように申し渡され、「自分の誘導にしたがって車を停めろ」と命令される始末。

「そこでハンドルを右に切れ」、「そんなんじゃダメだ、左に切れ」と、じつに細かく指示を出してくれるのですが、右だ左だとあまりに細かく仕切るものだから運転しているほうは混乱してしまう。

あげくに「右に七センチ寄っている」「ちょっと斜めだからダメ」と何回もやり直しをさせられてしまいました。

鬼の首をとったかのような命令口調、しかも「ワシは正しい！」と信じて疑わず、間違っているのはすべて相手のほうという態度には、Ｆさんも辟易だったそうです。

「頭の固いいばる人って、今までのワシの人生は間違っとらんと言いたげな人が多い。こういう人は、自分の価値観がすべてなんでしょうね」とＦさん。

ガンコ系いばる人には、なぜか元役職者だったり、元お役人だった年配の男性が多いような気がするそうです。

駐車場のオジさんも、「元はどこかの会社の役職者だったらしい」とＦさんは言います。

自分流を貫いて、まわりを振りまわす。

自治会を牛耳るＷ夫妻も、駐車場のオジさんも、まさに「世界は自分中心に回っている」を体現している人たちといえます。

では、こうしたいばる人たちは、なにゆえいばるのか。

その胸の内をのぞいてみましょう。

いばるのは「オレはここにいる！」という心の叫び!?

自意識が強いから自分の存在を強硬にアピール

このタイプも、権威主義型や不機嫌自己チュー型と同じく、「オレが」と自分を主張するいばる人といえます。

でもほかの二つのタイプと異なるのは自意識が非常に強いということ。

自意識とは、自分自身がどのようであるか、人からどう見られているかを意識する感情ですが、ここが突出して高いというのが特徴の一つです。

いうなれば自意識過剰なんですね。

ですので、この章の人たちには「自意識過剰型いばる人」と命名しました。

「自意識過剰型いばる人」は、自分自身の在り方や他人から見た自分というものに人一倍固執する人たちで、そのためやたらと自分の存在意義をアピールしようとします。平たくいえば「オレはここにいる！」ということを訴えたい、人から存在を認めてほしいという気持ちが強いゆえにいばっている人たちというわけです。

私が受験生だった時の話ですが、受験生仲間に自慢ばかりするいやらしいいばる人がいました。

受験のために旅館に泊まったりすると、顔を合わせるたびに自慢話をする。

「僕の鉛筆は外国製なんだぜ」なんて言って、いかに自分が特別かをひけらかすんですね。

こういうタイプも自意識が突出して高いタイプです。

まぁ、言ってみれば「自分は偉い」といばれるほどの権威ももっていない、けれども特別扱いはしてほしい。

そんな心の働きが、自慢話のような形で、いばるという行動になって現れるのでしょう。

要はいばることで、自分の存在意義を誇示したい人たちなんです。

「同調性性格」の悪い面が発揮されている人

そうした心理作用が働いているいばる人なわけですが、「世界は自分のためにあるんだ」とばかりに、相手のことを考えないで自分中心に振る舞う、相手の身になって想像することができないというのは多分に性格的要素も大きいといえるでしょう。

PART1で、人間の性格は五つに分類することができると申し上げましたが、たとえば「同調性」「自己顕示」「粘着性」という三つの性格の悪い面が出ると、「自意識過剰型いばる人」になりがちなのです。

自治会を牛耳るW夫妻などは、性格的にいえば「同調性性格」の分類に入ると思います。

つまり性格的には外向型。

いい方向に働けば、外向的で社交的な明るい人たちだったのでしょうが、残念ながら同調性が悪い方向に働いてしまった。

同調性性格というのは、躁病までは至らないまでも、気質的には躁的な要素を持ち合わせている人たちです。

悪い同調性というのは、その躁的気質が悪い面で発揮されてしまうんですね。

躁的気質がヘンな方向に強く働いてしまい、ともすれば「自分は天下一の人間だ」とか「自分のやり方に間違いはない」と思い込んでしまう。

自分が一番と思っているわけですから、当然、「すべて自分は正しい」わけです。だからワンマンに振る舞い、周囲に君臨しようとする。

「オレ流」を押しつけていばるというのは、一つはこのようなマイナス型の同調性性格によるものといえるでしょう。

特別扱いは「自己顕示性性格」の望み

また「自己顕示性性格」が強過ぎても、このタイプのいばる人になりやすい。

公共機関の嘱託職員として働いているある女性の体験ですが、取引先の六十代の会社役員という人が、絶対に電話で自分から名乗らないのだそうです。

「失礼ですが、どちらさまでしょうか？」と尋ねると、決まって「オレの声がわからないのか！」と怒り出す。

そのたびに「アンタは私の恋人か!?」とノドまで出かかると言います。

この会社役員に限らず、ある程度の肩書きをもつ年配の男性は電話で名乗らない人がじつに多いのだそうです。

しかも名前を尋ねると「○○の××だが」ともったいぶって名乗ってみせたり、「いいから早く取り次げ！」と乱暴に言われたり、不愉快な思いをすることも少なくないとか。

「自分よりも上の役職の人が電話を取ったらどうするのか」といつも不思議に思うそうですが、電話で名乗らない、聞き返すと「オレの声がわからないのか！」と怒り出すなんてのは、まさに自己顕示のなせるワザでしょう。

とにかく特別扱いしてもらいたいんですね。

また、ある若手男性社員の話ですが、仕事で関わらざるを得ない関係会社の担当者が横柄ないばる人で大変困っているとか。

相手は五十代の男性。

役職者ではない平社員なのですが、モノの言い方は常に高圧的で、態度も横柄そのもの。

しかも、なぜか「自分は仕事ができる！」と思い込んでおり、自分の非を一切認めようとしません。

連絡の行き違いや事務処理上の間違いといったケアレスミスを連発しているのに、絶対に自分のミスと認めないで「相手のほうが間違ったのだ」と主張する。

その頑なさに、「自分から謝れない仕組みになっているのではないか?」と、その男性の会社では評判になっているのだそうです。

この担当者という人も、うぬぼれが強く、負けず嫌いで自己中心的という自己顕示の特徴が色濃く出ているタイプでしょう。

加えて、悪い同調性性格も持ち合わせているのかもしれません。

いずれにしても、こういう性格の人たちは「世界はオレ中心で回っている」というい ばり方をしやすいのです。

怒りっぽい、ガンコが特徴の悪玉「粘着性」

もう一つ、「粘着性性格」が悪い方向に発揮されてしまった「オレ流」いばりんぼうたちもいます。

この手の人たちの特徴は、ガンコで融通がきかないということ。

「粘着性性格」というのは、何事も完全にやろうとする完全主義の持ち主で、正義感も強く、執念深いところもあるという人たちです。

ですから、ほどほどに「粘着性性格」であれば、コツコツと努力する、マジメで正義感の強い人という評価につながる。

ところが、あまりに過ぎるとガンコで融通がきかない。

何が何でも「オレ流」を貫こうとします。

おまけに執念深いところもありますから、ガンとして自分を譲らず、人のミスも許せない。

癇癪もちというのも悪い特徴として現れてくる。

つまり人の言うことに聞く耳をもとうとせず、怒りっぽくて、自分の価値観を押しつけようとするなんてのは、まさに悪い「粘着性」の典型なんです。

Fさんが遭遇した駐車場の仕切り屋オジさんもこのタイプでしょう。

自分の思いどおりのことをしないとものすごい剣幕で怒り出す、あれこれと命令口調で指示を出しては自分流を押しつける。

言うとおりにならないと、またまた怒りのテンションを上げていく。

絵に描いたような、典型的な悪玉「粘着性性格」です。

こういうタイプには、ガンコな職人気質の人も多い。

たとえば、Pさんの取り引き先であるパン屋さんのご主人もこのタイプです。

五十代後半というご主人は、Pさんいわく「身体全体から威圧のオーラを漂わせている」そうです。

「仕事は教わらずに盗め」というのが信条ですが、これはまあ昔気質の職人さんですから納得できる。

職人さんというのは、そうやって人を育てる人が多いですから。

しかし、このご主人はちょっと様子が違うといいます。

自分が「よし」とする価値観以外は一切受け入れようとせず、何事にも「何をやってるんだ！　違うだろ！」とお店のスタッフたちを大声で怒鳴りつける。

お店のなかでは、あたかも怒る材料を探しているかのように、始終目を光らせています。

そうやって監視して、自分の言うとおりに動いていない人やミスしてしまった人を発見すると、ここぞとばかりにものすごい剣幕で怒り出すんですね。

誰かが何かやらかすのを舌なめずりして待っているかのようだといいます。

しかも、いったん怒り始めるとテンションが上がってひっこみがつかなくなってしまう。

昨日と今日で並べるパンの位置が入れ替わっているとか、作業している位置が悪いとか、理不尽なことで怒鳴りだし、しまいには商品のパンを投げつけてくるのだとか。

Pさんも何回かパンを投げつけられたそうです。

それも納品の時間が三分遅れた、小麦粉の袋の置き場所がずれているという理由で怒られた。

とにかく自分がやったこと以外はすべて気に入らない。

自分のやり方は絶対だという信念に近い自信をもっていて、人を信用できないタイプなのだそうです。

これではまわりにいる人たちはたまりませんね。

駐車場のオジさんといい、パン屋のご主人といい、こういうガンコ親父型は、気質が「粘着性」ですから実際は根がマジメなんです。

自分の決めたルールであろうがやり方だろうが、そのとおりに物事をやろうとするのだから、やはりマジメな人が多い。

でも「粘着性」の特徴が過度に発揮されているので、融通はまったくききません。

しかも意に染まないことがあると、すぐに怒り出す。

非常に怒りっぽいんです。

粘着性性格というのは根がマジメで我慢強いだけに、心のなかにいろいろと不満やストレスをためやすい。

それがある時突然爆発を起こすことがあります。

悪い粘着性になると、その爆発頻度が多くなり、しかも爆発の程度も大きくなってしまう。

いわゆる癇癪もちで、いったん爆発すると前後の見境いがつかなくなるんです。パンを投げつけるというのもそうですが、人によっては手が出る。

お弟子さんなんかをポカッと殴っちゃう。

自分のやり方を押しつけてくるだけならまだしも、怒り出すと止まらなくなって手まで出ることもあるわけですから、いばる人のタイプとしては、ちょっと怖い人たちかもしれませんね。

その代わり癇癪を起こしてしまったあと、「ああ、やってしまった」と深く後悔するタイプでもあります。

さんざんに怒鳴られいばられても、「やってしまった」と後悔してくれるなら、いばられた側の気持ちも少しは救われようというものでしょう。

自意識過剰型タイプとのお付き合い法

演技でいいから「存在を認めてあげる」こと

同調性、自己顕示、粘着性という性格の違いこそあれ、「自意識過剰型いばる人」の人たちは、総じて「自分を認めてほしい」と心のなかで強く思っています。

大げさにいえば実存不安を抱えている人たち、つまり自分がこの世に生きた証を残せないということに不安を感じやすい人なのです。

ことさら自分を強調して、「オレ流」を発揮していばり、まわりの人たちを振り回してしまうのも、「人に存在を認めてもらいたい」、「生きた証を残したい」からなのですね。

しかも頼るべき権威を持ち合わせていないというのが、このタイプのいばる人たちです。

権威によって名を残すことが叶わない、でも自分が存在していることを世間に知らせたい。

そうした思いにとらわれてしまっているわけですから、考えてみればじつに気の毒と言わざるを得ない。

ただ気の毒とはいえ、実際に「自意識過剰型いばる人」に振り回されている人たちにしてみれば他人事ではすみません。

実害を最小限に抑えておくためにも、うまく扱う方法を知りたいでしょう。

その方法とは……。

まず、基本的にこのタイプはギャフンと言わせることはできません。

付き合ううえで、そこだけは認識しておいたほうがいい。

扱うコツとしては、「自分の存在を認めてほしい」という気持ちを満たしてあげることです。

名も残せずに死んでしまうことが不安だから、「注目されたい」「特別扱いされたい」と躍起になる。

そういう人なんですから、「あなたの存在を認めていますよ」と演出して、付き合ってやればいいんです。

ポイントは相手を否定しないこと

演出といっても、必要以上にゴマすりをして、ご機嫌をとりなさいというわけじゃありません。

演出する際のポイントは一つ「相手を否定しないこと」なのです。

否定してしまうというのは、「存在を認めてほしい」という相手の気持ちを否定することになる。

この手の人たちは、存在を認めてもらうことにいわば命をかけていますからね、面と向かって否定するとかえって大変なことになる。

だからワンマンな言動があっても非難がましい目を向けない。

「自分のやり方がいかにすごいか」を自慢されても、「はあ、そうですね」と聞いているフリだけしておいて、馬耳東風で聞き流す。

たとえば自治会を仕切りたがるW夫妻のような人たちとは、真っ向から対立するだけエネルギーのムダ遣いになります。

「なんと気の毒な人たちか」と心のなかで思いながら、つかず離れずの距離で適当にやり過ごすのが一番です。

取り引き先のオジさんたちがこぞって電話で名乗らなくても、それにカッカこない。「名乗らなくてもきちんと取り次げ」というのであれば、次からそのようにしてあげればよろしい。

「自意識過剰型いばる人」は、相手を否定しないということ、存在を認めるということが、うまく扱う際のコツなんですね。

さらに粘着性気質の強い、ガンコな「オレ流」いばる人なら、逆らわず、素直にマジメに付き合うということもコツといえるでしょう。

駐車場のオジさんのような人なら、「ここまで誘導していただければ助かります。ありがとうございました」と頭を下げておく。

そのあとで「あとは自分でやれますから」と、やんわりお断りの言葉をつけ加えて難を逃れるというのが懸命です。

パン屋のご主人のような人には、「はい、はい」とひたすら頭を下げて、嵐が通り過ぎるのを待つというのが得策でしょう。

自分中心に回っている世界は、ヘタに壊さずそのままそっとしておいてあげる。

このタイプのいばる人たちの「認められたい」という気持ちは、一生消えることはありません。

だから、どこまでいっても世界は自分中心です。

まわりにいる人間としては腹を括って、おつき合いしていく他はないんです。

それでも、この人たちに翻弄されるのがイヤだ、どうにかしたいという時はどうすればいいか……。

こりゃもう方法はただ一つです。

私にしてみれば「逃げるが勝ちでいきなさい」とおすすめしたいですね。

第6章

「みんなでいばればコワクない」集団主義型のいばる人

「個人」の立場ではいばれない、意気地なしのいばる人

キーワードは二つ、「集団」と「匿名性」

さて、最後にご紹介するのは、名づけて「集団主義型いばりりんぼう」。この章のいばる人は言うなれば、「個人」という立場が明らかでないところでいばる人たちです。

「集団主義型」というのには二つのキーワードがありまして、一つは文字どおりグループ単位になるといばり出すというもの。

大勢に紛れて、そのなかで一緒になっていばるということです。

たとえば、気が小さくて一人では強気に出られないのに、徒党を組むと急に強気になっていばるなんていう人がいますが、これがそのタイプですね。

ある女性が話してくれたのですが、彼女の子どもが通う小学校のPTA役員たちが、この集団型いばる人なのだそうです。

気に入らない人がいると集団で攻撃してくる。

それも陰で本人やその子どもの悪口を言う、自分の子どもに「その子と遊ぶな」と言い渡すなど、やり口が陰険極まりない。

先生方にも強気で、「授業の進め方が悪い」、「○○ちゃんばかりえこひいきしている」と言っては、団体で職員室に抗議をしてくる。

しかも、そのたびに「こういう問題は保護者全体にも関係あることだから」と、各家庭の事情や都合など考えずに、すぐに緊急保護者会を開いてお母さん方を召集する。

何かにつけて呼び出されるのですから、まわりのお母さん方は大変です。

じつはこのPTA軍団の役員のなかに一人、とんでもなくいばり散らす人がいるのだそうです。

ま、親玉いばりんぼうというわけですね。

ところが、その人を除くと、あとの面子はそこそこ良識もある人たちなのだとか。

一対一で話をするといばる人という印象はないのですが、そういう人がひとたびグループ化するといばる人軍団になってしまう。

つまり親玉いばりんぼうに引っ張られていばる、付和雷同型のいばる人なんですね。

こういう人というのは、小心で自分一人じゃ行動が起こせない。

そのくせ自己顕示の強い性格であることが多い。

だから集団を隠れ蓑にして思う存分いばるわけです。

「集団主義型」のもう一つのキーワードが「匿名性」です。

自分がどこの誰だか知られていない状況をカサにきていばるということですね。

電車のなかなどで、混雑しているのに足を放り出して座っている人、電話やメールで言いがかりとしか思えないようなクレームをつけてくる人などは、匿名タイプのいばる人でしょう。

今ではインターネットが大分普及しまして、見知らぬ人同士が文字によって会話を楽しむSNSというものが当たり前になっているようです。

こうした場では、みんな本名を名乗らず、ハンドルネームといったものを使うそうですが、匿名の世界だけに人に対して攻撃的な人もいるそうです。

インターネットという匿名の世界で人に対していばる、こういうのも「集団主義型いばる人」に入るでしょうね。

「集団主義型いばる人」というものを簡単に解説しますと、このように個人として特定されない状態でいばる人ということがいえます。

グループ化するといばる人に早変わりするというのも、集団のなかにいれば、それだけ個人の存在が薄れていくからなんですね。

どこの誰と特定されない街中でいばるのも、匿名性が高まることで安心していばれるからでしょう。

日本には「集団主義型いばる人」がたくさんいる⁉

そう見ていくと、日本人というのは案外この「集団主義型いばる人」が多いのかもしれません。

かつての日本軍などは、まさに「集団主義型いばりんぼう」の集まりです。

普段は気が弱いくせに、軍隊に入った途端いばり出して階級をテコにして兵士を殴りつけるような輩が大勢いましたから。

しかも、戦争とは縁遠くなった今の日本にも、街中にはまだまだ「集団主義型いばる人」がたくさんいるようです。

電車から降りようとすると、ドアが開いたと同時に乗り込んでくる人に遭遇することがあります。

電車では降りる人優先がマナーとされていますが、そんなことはお構いなし。正面から肩をいからせて堂々と乗り込んできて、すれ違う時に肩がドンとぶつかっても謝らない。

こちらとしてはカチンときてしまいます。

かと思えば、買った商品が気に入らないからと、レシートも見せずにお店に返品を迫るご婦人や、レストランで椅子にふんぞり返ってボーイさんを呼びつけ、料理に文句をつけている男性、自分の子どもが食べ散らかしたゴミを拾おうとせず、注意されると逆に食ってかかる若いお母さんなどを見かけることもあります。

何らかの権力を振りかざして人にいばるというのもいただけませんが、匿名性をカサにきていばる人ぶりを発揮するというのも、ある意味では始末におえません。

このご時世、「あなた、それはよくないですよ」などとヘタに注意でもしようものなら、どんなことになるかわかりませんしね。

いずれにしても、ひとたび街中に出ると「失礼、無礼、傍若無人」な人がどうも目についてしまうのは私だけでしょうか。

「自分」がどこの誰それか特定されない状態に安心して、むたいなことを言ったり、傍若無人に振る舞ったり――みなさんも、そんな人が多い気がしませんか？

街中で見かける困ったいばる人たち

こうした「集団主義型いばる人」の特徴を一言でいえば、やはり先ほど申し上げたような「失礼、無礼、傍若無人」ということに尽きるような気がします。

失礼千万、無礼で傍若無人な「集団主義型いばる人」らしき人たちを見かけた、あるいは不快な思いをさせられた経験のある人は、きっと多いことでしょう。

たとえば買い物や食事をしてイザ会計という時に、ふんぞり返ったままお札を投げつけるように放り出す、「そんな人が男女を問わず多いような気がする」と話してくれた人がいます。

おそらくお札を投げつけるというのは、「払ってやっている」という気持ちでいるのでしょうね。

「自分は客だ」という意識が強いのでしょう。

こういう人は往々にして、店員さんに横柄な態度をとることが多いものです。

「ちょっと、これ早く片づけてよ」なんて偉そうに言いながら、食べ終わったお皿を片づけさせるようなタイプでしょう。

ほかにも販売業をしている女性から、こんな困ったいばるお客さんの話を聞きました。

どうやら探している商品があるらしいのですが、何の情報もない。お客さんのほうで、メーカーの名前をはじめ、サイズや値段など手がかりになるようなことが何にもわからないのだそうです。

お店の側としても探しようがないのですが、そのお客さんは「店なんだから調べればすぐにわかるだろう」と譲らないんですね。

何とか探そうとして「こういうものですか？」、「どこでご覧になりましたか？」といろいろ質問をしていると、そのうちイライラした様子で文句をつけ始めた。

「商品がわからないとはどういうことだ！」「それでも店員か」「何年店をやってるんだ！」と並べ立てて、しまいには「客の注文に何でも応えるのが、オマエたちの仕事だろう」と言い出す始末。

「そこまで言うなら、買い物に来る前にきちんと調べてこい！」と思ったそうですが、お客様相手にそんなことは口に出せませんからね。

ひたすら「申し訳ありません」と頭を下げていたのですが、「失礼な店だ、なっとらん」と捨てゼリフを残してそのお客さんが帰ったあと、一日中怒りがおさまらなかったそうです。

いやいや、なんとも無礼で傲慢な客もいたもんです。

無礼といえば、電車のなかで何回かこんな不愉快な経験をしたという若い女性がいました。

電車に乗り込むと、じろじろと全身を値踏みされるように見られることがあるのだそうです。

見るのはなぜか五十代前後の男性が多い。

それもアゴをあげたまま、上から見下ろすような態度で人をチェックする。

非常に失礼な行為なのに、平然とした態度で観察をするのだそうです。

おまけにさんざん観察して気がすむと、「フン」という感じで視線をもどす。

「こういう態度をとるというのは、どういうことですか？」とその女性に聞かれましたが、いやぁ私にも正直わかりません。

もしかしたら、日頃から「今どきの若い者は……」などと苦々しく感じているような人なのかもしれませんね。

正義感が強くてマジメな粘着性性格の人が、「今どきの若者」に不満を感じているとしたら、こうした態度をとる可能性もあります。

ただ、若い女性に対してこんなことをしちゃいけませんよ。

失礼であるのはもちろん、場合によっては「セクハラだ！」と訴えられることだってある世の中なのですから。

男性諸氏は、くれぐれもご注意ください。

ナゼそうなる？ このタイプの解説と対策

「集団」というものの特性が「イバリ」につながる

ところで、なぜ世の中には「集団主義型いばる人」が存在するのでしょうか。

グループ化するといばる人になる、匿名性の高い状況で傍若無人になる、この二つを分けて考えてみますと、前者は「集団性」ということがナゾを解き明かす一つの鍵を握っているようです。

人間というのは個人でいる時と集団でいる時とで、心理作用が微妙に変わってくるものです。

普段はおしとやかなのに、グループ旅行などすると大声ではしゃいで別人のように騒いでしまう、こんな経験をおもちの方も多いのではありませんか？　こうした行動も、集団の特性というものが成せるわざなのですね。

たとえば、社会心理学の分野で有名な理論に「リスキーシフト」というものがあります。

簡単に説明すると、個人で決定するよりも、集団で決定するほうがリスクの高い意見にまとまりやすい。

つまり普段は慎重論でいく人であっても、グループで話し合うと個人の意志がどんどんリスキーな方向に変化していってしまう、そんな状況をいいます。

こうした現象が起こる原因として社会心理学の世界では、
・集団で決定することについては、個人的に責任を負う率が少なくなるため→責任分散
・冒険的（リスキー）な選択をする人は概してリーダーの資質を備えていることが多く、集団がその人の意見に引っ張られやすくなるため→リーダーシップ
の二つの仮説が立てられています。

要するに、人数が多くなればなるほど、結果についての個人の責任が分散、拡散されるわけです。すると、万が一選択が間違いであったところで、責任の所在があいまいになる。

そうなると自分一人が責任を負わなくていいという心理的作用が働いて、リスキーな方向に決定が傾いていきやすいというわけですね。

また、普段から大胆で思い切った選択をする人というのは、おしなべてリーダー的素質を兼ね備えていることが多い。

そうした人が集団のなかにいると、グループ全体がその人に影響されて、その人の意見に同調していってしまうというわけです。

こうした「リスキーシフト」の法則を「集団主義型いばる人」にあてはめて考えると、「なるほど」と感じることも少なくありません。

親玉いばる人に引っ張られていばる人と化しているPTA軍団など、まさにそのとおりという気がします。

親玉いばる人というリーダーに影響されているうえ、みんなでいばれば何があったって個人で責任をとる必要はない。

そんな心理が働いていばる人軍団になっているのでしょう。

結局、グループになるといばり出すといういばる人たちについては、基本的に「集団になると、人はこういう動きになるものなのだ」という認識でいたほうがいいのかもしれません。

傍若無人は「感謝」と「恥」の心の欠如

いっぽうの匿名性をカサにきて傍若無人に振る舞う人たちというのは、これはもうマナー知らず、美意識が欠如しているとしかいいようがない。

社会で生きるということを教えられずに育ってきてしまった世間知らずか、対人関係の作り方がわからないのか、いずれにしても原因は親子関係、育てられ方にあるのだと思います。

インターネットの世界で人を攻撃するバッシング屋なんてのは、面と向かって人と向き合うことができないのでしょうね。

親子のコミュニケーションがうまくいっていない家庭などには、こうした対人関係に難ありの子どもが育ちやすい。

また「旅の恥はかきすて」とばかりに公衆道徳をきちんと守らなかったり、店員さんや駅員さんなどにやたらとイバリ散らすなんて人も、多分に育てられ方に問題があるといっていいでしょう。

そもそも、日本の社会には昔から、日本人ならではの人づきあいというものがありました。

たとえば「一期一会」という言葉があるように、その人との出会いは一生に一度限りかもしれない。

そう思って、会っている時間は精一杯のおもてなしをしましょうという心があった。

また見知らぬ人であっても、困っているところを見かけたら「袖振り合うも多生の縁と言いますから」などと言って、親切に応対したものです。

そうやって人づきあいを大切に、細やかにする文化が日本にはあるんですね。

そうした文化を支えてきたのが「ありがとう」という感謝の心だと私は思うのです。

ご縁に感謝して「ありがとう」と思う、人様のなかで自分も生かされているのだと感謝する。

日本人はシャイなのか、欧米の人ほど「サンキュー」=「ありがとう」を口に出しませんが、少し前までは心のなかで「ありがとう」と言える人がたくさんいたように思います。

それがここ最近、心のなかでさえ「ありがとう」を言えなくなってしまった人が増えてきたような気がするのです。

いばって、人様に迷惑をかけても何とも思わない。

自分さえよければマナー違反も平気。

こうした行動は、「ありがとう」を感じる心が鈍ってしまって、人との関係がガサツになってしまっているからではないでしょうか。

同時に日本人の美徳であった「恥じらい」の気持ちも失せてしまったのでしょう。

「そんなことをしたら人様に笑われますよ」

「お天道様に恥ずかしいことはしちゃいけませんよ」

なんてことを昔はよく言ったものですが、近頃はとんと耳にしなくなりました。

「人のふり見て我がふり直せ」という言葉も、もしかしたら死語になりつつあるのかもしれませんね。

「あんなことをしたら恥ずかしいな。自分は気をつけよう」と思うどころか、かつての流行語にあった「赤信号みんなで渡れば怖くない」とばかりに、多勢に紛れて平気で公衆道徳を破る。

そんな人が増えてきているようです。

匿名性をカサにきたいばる人というのは、私にしてみれば日本人の美徳をなくした人たち、個人としての美意識がない人たちという気がします。

もし出会ってしまったら、「あなたはどこの誰さんですか?」と名乗らせて、個人を特定してしまうという対処法もありますが、根本的には一人ひとりが「ありがとう」の心と「恥じらい」の気持ちを再度もち直してもらう以外に、どうにかできる術はないのでしょう。

鈍感でいることが自己防衛の秘策

こうした「集団主義型いばる人」というのは、誠に残念ながら、日本の世の中を見ている限り今後も増えていくでしょう。

ですから、いちいち目くじらを立てていたら、こちらの身も心ももちません。

一人でいばると反撃に遭うかもしれない、それが怖いから仲間を求める、自分がどの誰かわからない状況の時にいばる。

言ってみれば、卑怯ないばり方ですね。

けれども、そんな卑怯ないばる人たちに腹を立てていると、今度は自分のほうがストレスで病気になってしまう。

だから無視しちゃうのが一番なんです。

「集団主義型いばる人」に限らず、いばる人全体に共通して言えることかもしれませんが、この人たちがいばるのは一種の自己防衛であることが多い。

自分を守るために、もしくは相手から攻撃されたくないからトゲを出していばる。

それが彼らの自己防衛法だとしたら、いばられる側の自己防衛法としてはいばる人に極力敏感にならないことなのです。

たとえば「いつもいばられてばっかり」「どうして私のまわりにはいばる人が多いのか」という気持ちでいると、どんどんいばられることに敏感になってしまいます。

そうなると、いばられる場面が目について、気に病んでストレスもたまります。

イジメもそうですが、「自分はイジメられやすいタイプの人間だ」と思っていると、軽い冗談や他愛のないからかいもすべてがイジメに感じられてしまうものです。

いばるということについても同じなのですね。

「自分はいばられている」「いばられやすいタイプなのかもしれない」と意識してしまうと、ささいなことでも「いばられている」と感じとってしまうものなのです。

その逆も然りで、「いばられていない」と思えば、「いばられている」と感じることも減っていくといえるわけです。

また、社会には厳然として上下関係というものが存在します。

これは世の中が回っていくためには仕方のないことなんですね。

だから上役にいばられたとしても、ある程度はガマンしなくちゃいけない。

「上司だからっていばるな、こんちくしょう」と思うことがあっても、上司と部下という立場にあれば多少のことには目をつぶらないといけないのです。
そこで敏感になり過ぎると、果てはうつ病ということにもなりかねません。
ですからいばる人がいても気にしない、無視をする。
いばる人のトゲも通じないような固いバリアを心に張ってしまうこと。
「いばる」という行為に極力鈍感であること。
これが最善の自己防衛と心得ておくといいでしょう。

第7章

「イバリ攻撃」をサラリとかわす知恵&テクニック

モタ流、VSいばる人の極意

いばる人はなおらないと思うべし

権威主義型、カースト主義型、不機嫌自己チュー型、自意識過剰型など、いばる人には、じつにいろいろなタイプの人がいます。

いばり方もそれぞれパターンがあって、「なぜいばるのか」という背景も微妙に違います。

それによって、付き合い方も少しずつ違ってくるのですが、その部分については各章で触れてきましたので、ここではいばる人全体についてお話ししていきたいと思います。

いわば最後に、いばる人との付き合い方を総論的に伝授していこうというわけです。

しかしまぁ、どんなタイプのいばる人であろうが、いばられている側としては抱く思いは同じでしょう。

「自分を何様だと思ってるんだ⁉」

「どうして、こうも人を小バカにできるのか」

「自分のことを棚に上げてよく言うよ」

と憤るやら呆れるやら、心穏やかではいられません。

「いつかギャフンと言わせてやりたい」と、心の底から思うものです。

もしかしたら、「このままじゃ、この人のためにならない。なんとか気づかせてあげなくちゃ」と、親切にもいばる人たちの行く末を本気で心配する、優しい人もいるかもしれませんね。

でも、精神科医の私が言うのもナンですが、いばる人たちのいばりぐせは、基本的にこりゃもう誰もなおしようがない。

いばる人にいばっていることをわからせるというのは、これはもう、至難のワザなのです。

各章でも「なおりませんよ」と、しつこいぐらいに申し上げてきましたが、この点だけは間違いがないんですね。

というのも、いばる人たちには、あまり自分がいばっているという自覚がないからなんです。

自己顕示の強いいばる人は、負けず嫌いで常に人より優位にいたいという気持ちが強い。

「人に負けたくない」と思っているだけで、その結果としていばる人になってしまう。

本人は、必ずしもいばりたいと思っていばっているわけではないんですね。

これは、そういう性格なんです。

劣等感の裏返しでいばる人たちも同様です。

この手のいばる人は、自分の劣等感については十分自覚しているけれども、その裏返しで「人にいばった態度をとっている」ということには気づいていない人が案外と多い。

いずれにしても確信的にいばる人をやっているわけではなく、どちらかといえば、無自覚にいばっているという場合が少なくないのです。

いばる人とは真正面から闘わない

自己顕示が強いいばる人のなかには、「なんで自分は人にいばってしまうんだろう」

と反省できる、ましな人もいます。

それでも性格だから一朝一夕に変えることができない。

反省しつつも、いばりぐせがなおらないということになる。

結局、いばる人たちに「いばりぐせを何とかしてもらいたい」と思ったら、本人が努力して性格を変えるか、劣等感を克服する以外方法がありません。

本人の内面の問題ですから他人の力ではどうしようもない。

それにこういう人たちは、劣等感を認めたくないから人に対して威圧的になるわけですし、「オレが」「私は」と自分を誇示することで「優位に立ちたい」という欲求を満たしているわけです。

「あなたはいばっている。よくないから、いばるのはやめなさい」「あなたにいばられて不快です」と言ってみたところで、痛いところを突かれて逆ギレを起こすか、もしくはプライドを刺激されて「オレのどこがいばっているんだ」と怒り出すのが、関の山でしょう。

ですからいばる人に真正面から向き合い、説得してどうにかしようと考えるのはやめたほうがいい。

効果はあまり期待できませんし、かえってトラブルを引き起こすだけです。

当然、目には目をで「どうにかしてやりこめたい」なんて考えも、もたないほうがいいのです。

正面切って闘えば闘うほど、トラブルだけが大きくなっていくなんてハメになりかねない。

さんざんエネルギーを消耗したのに状況は何も変わらず、という結果になるのがオチです。

じゃあ、どうすればいいか？

まずいばる人に対しては真正面から立ち向かっていかないこと。

これが、いばる人と接する時の基本的な姿勢です。

何を言われても、どういばられても無視をする。

「こんちくしょう」とハラワタが煮えくり返っても、聞き流す、受け流す。

相手を憎らしいと思っても無視する。

「それじゃ、いばられ損じゃないか」と感じる方もいるかもしれませんけれども、「何とかしたい」「どうにかやっつけてやりたい」と思うあまり、ムダにエネルギーを消耗するほうがよっぽど損です。

いばる人に立ち向かうエネルギーがあったら、そのエネルギーをもっと別のことで役立てたほうが、はるかに自分のためになる。

そう思いましょう。

「ヤマアラシ・コンプレックス」に学ぶ

ヤマアラシ・コンプレックスという言葉があります。

ドイツの哲学者ショーペンハウエルの寓話から生まれた言葉ですが、ヤマアラシという動物は、ご存知のように長くて堅いトゲに覆われている。

寒さにたまらず、互いに身を寄せて暖をとろうにも、くっつき過ぎればトゲが刺さって痛い。

かといって離れれば寒い。

くっついては痛さで離れ、離れては寒さでくっつきということを繰り返すうちに、ヤマアラシたちは寒くも痛くもない、心地よい距離を見つけ出すことができた——というのが寓話のストーリーです。

この寓話から生まれた言葉「ヤマアラシ・コンプレックス」が伝える意味は、人間関係には適度な距離が必要、距離さえ適切であれば心地よい関係でいられるということです。

つまりいばる人とのお付き合いも、距離さえ適切であれば、それほど不快な思いをせずにすむということですね。

この場合、物理的な距離を遠くする、すなわち触らぬ神になんとやら、いばる人から遠く離れてしまうのが一番いい方法といえるのですが、現実はなかなかそうはいきません。

上司や同僚がいばる人だったり、家族にいばる人がいたりしたら、逃げようにも簡単には逃げられない。

やはり我慢して、付き合わざるを得ないことのほうが多くなる。

かといって「何とかしたい」「どうにかやっつけてやりたい」という気持ちを行動で現せば、トゲで突つき合うようなもの。

関係は悪化して、居心地も悪くなる一方でしょう。

物理的に離れることはむずかしい、立ち向かうのも愚かしいということであれば、心の距離をとってしまうというのも方法です。

前述したように「無視をする」というのもその一つ。

もう一つ、ドラマを演じているつもりでいばる人と接するというやり方もあります。

いばられる側は常に「名優」たれ

大体にして、円滑な人間関係をつくるというのは、ドラマを演じるようなものなんです。

たとえば相手からムッとするようなことを言われたとしましょう。

でも、そのムッとした気持ちをストレートに出してしまうと関係がギクシャクする。

こんな時、気持ちを抑えて、何事もなかったかのように相手と接するということをしませんか？　これは演技をしているということです。

いばる人にいばられた時も、同じようにお芝居を演じてしまえばいいのです。

それも、できれば名優を目指す。

いばる先輩から「そんなことも知らないの？」とバカにされても、ニコニコと笑って「はい、世間知らずなものですから」とすっとぼけてしまう。

傲慢上司から「こんなこともできないなんて小学生以下だな」と言われたら、「ホントですねぇ」と軽くいなす……。

イヤなことを言われてもイヤな顔を見せないで、演技のプロとして振る舞えばいいのです。

心のなかで「また、いばってるよ」と思いつつ、いばられ役を演じてあげるわけですね。

つまり「いばられ上手」になるということです。

私のオヤジは癇癪もちで、お弟子さんはしょっちゅう叱られていましたが、なかに一人だけ叱られ上手な人がいました。

ガミガミ怒鳴られても一言も反論しないで、黙って頭を下げているだけ。

そのうちオヤジのご機嫌も自然になおってしまう。

この叱られ上手なお弟子さんのように、気のすむまでいばらせてあげるというのが「いばられ上手」。

私も「はあ、はあ、そうですか」なんて言いつつ「いばられ上手」を演じて、いばる人たちとは仲良く付き合っています。

ただ、結構ガマン強くなくちゃあ、「いばられ上手」はできませんけれども……。

「イバリ攻撃」にノックアウトされないための知恵

いばらない人になることを期待しない

さて、ここまでの話は、いわゆるいばる人と接する際の基本的な心構えというべきものです。

いばる人のいばりぐせは、精神科医の私ですらなおせません。

ですから、一番は無視をしてかかわらないようにすること。

本当なら「逃げるが勝ち」でいきたいところですが、それがむずかしいのであれば、名優になったつもりで「いばられ上手」を演じること。

そうやって、いばる人との距離をおいておくわけです。

くれぐれも同じ土俵に立って、勝負しようなんて考えちゃいけないのです。

それでも、実際にいばられたらおもしろくない、腹も立つ。

人間ですから、「このやろう」なんて感情も抱く。

そうした思いが高じてストレスがたまり、自分が病気になってしまうこともあるかもしれませんね。

そこで、ここからはいばる人たちの「イバリ攻撃」でノックアウトされないよう、いくつか防衛策をご紹介しておきましょう。

まず防衛の基本ですが、いばる人のせいで余計なストレスをためこまないためには、相手に期待しないということが大事です。

その際の秘訣が、心の要求水準を下げることです。

要求水準を下げるとは、相手に対して百パーセントを望まないということ。

これは対いばる人に限らず、他者と平和かつ穏やかな関係を築くうえでの秘訣とも言うべきものですが、相手に多くを望まず「ほどほど」を求めておけば、期待を裏切られてイライラカリカリすることもありません。

私は昭和十八年に結婚しましたが、結婚してしばらくの間、それはまあよく夫婦ゲンカをしたものです。

女房から生卵を投げつけられたこともあります。

それも胸のど真ん中に投げつけられた。

私の妻は大変な名ピッチャーなんです。

なぜ夫婦ゲンカが多かったかといえば、互いが相手に百パーセントの夫、妻を望んでいたからなのですね。

ところが百パーセントの人間なんて、この世にいるわけがありません。いるわけがないのに、そうであることを望む。

となると当然ですが、相手の足りない部分にばかり目が向きます。

「なんで、こうできないのか」「こういうところがイヤなのよね」と、どんどん不満が高まる。

これではいい関係はつくれません。

夫婦であれば、夫婦ゲンカの種が増えていくばかりです。

それがいつからか「五十パーセントでいいや」と思えるようになったら、夫婦仲もコロリとうまくいくようになった。

それからは私も妻もお互いに五十パーセントの相手で満足になりました。

「小欲知足」という言葉があるけれど、欲望は小さくして、このままで十分と満足する。

これが人間関係を穏やかに保つ秘訣であり、知恵なのです。

ですからいばる人に対しても、いばらない人になることを望まない。

心の要求水準をグンと下げて接すれば、「この人はこんなもの」と思えるようになります。

こういうことは言わないでほしい、やらないでほしいと思わなければ、相手への期待度はおのずと下がっていく。

「三十パーセント、十パーセントでいい」と思っていれば、それほどストレスも受けずにいられるのではないでしょうか。

いばる人は「哀れな人」と思うべし

もう一つ、いばる人たちに対しては、心のなかで「哀れな人」と思っていましょう。

「どう逆立ちしても一流の人物にはなれない哀れな人なんだ」と思っていれば、気持ちはうんとラクになる。

実際、いばる人は哀れな人が多いんです。

私のまわりにも結構いばる人は存在します。

同業の医者のなかにもいばっている人がいる。

そういいばる人を見たり、話を聞いたりするたびに「やあ、哀れでかわいそうな人だなぁ」と思うのです。

何しろ、医者というものは患者さんを治してナンボの職業ですからね。

いばってばかりで患者さんを怖がらせてしまったら、治る病気も治らない。

これでは医者としての自分のキャリアにも響くでしょう。

長い目で見れば、自分にとっては損にしかならない。

それがわからないのですから、なんとも哀れじゃありませんか。

いばる人がいばるのは劣等感の裏返しです。

いつもいつも心のなかに大きな劣等感を抱えているわけですから心は決して穏やかではない。

しかも負けず嫌いですから、自分のマイナス面を出せません。

ありのままの自分をさらけ出すことができないため、常に自分を取り繕っていなければならない。

私なんか、講演の時も構わず自分の失敗談を披露してしまいます。

「今日、ここに来る時に駅の階段で転んじゃいまして」「昨日、お酒をちょっと飲み過ぎましてね、今日は少しばかり胸が苦しいんですよ」なんて、大勢の前で平気で言っちゃう。

自分のマイナスも隠さずに人に話すことができるから、心は安定しているし、気持ちも穏やかでいられます。

ところがいばる人たちはそれができない。

いばる人はきっと、

「人に弱みを見せてはいけない」

「人よりいつも優位でいたい」

「劣等感を決して悟られたくない」

「誰にも負けたくない」

という思いに二十四時間、三百六十五日支配されているのでしょう。

これでは常に緊張を強いられるはずです。

心休まる時がなくて本当に気の毒です。


そんないばる人たちの胸のうちを想像すると、弱くて、哀れで、かわいそうな人だなあという気になりませんか?

そうした憐れみの目でいばる人たちを見ていると、不思議なことにいばられてもあまり「こんちくしょう」とは思わなくなっていく。

むしろ、「心休まる時がなくてピリピリしているんだろうなぁ。かわいそうに」「このままじゃあ、どこまでいっても一流の人物にはなれないな。

気の毒に」という気になってくるものです。

いばる人からいばられるたびに、心のなかで密かに「哀れで、かわいそう」と思ってみてください。

いばられても腹が立たないし、ストレスも感じなくなっていきますよ。

いばる人はおだてておくに限る

防衛策の最後として、いばる人との付き合い方のコツをお教えしておきましょう。

人間関係はドラマを演じることでうまくいく、と言いましたが、どのように演技をすればよいのかは相手の性格によって変わってきます。

つまり、相手がどんな性格かで、演じるキャラクターを変えていかなくちゃいけないのです。

PART1で、人間の性格には

内閉性性格
同調性性格
粘着性性格
神経質性格
自己顕示性性格

という五つの分類があるとお伝えしました。

すなわち、この五つの分類別にキャラクターを演じ分けるわけです。

たとえば相手が内閉性性格であれば、こちらも内向的で静かな、落ち着いたキャラクターでいく。

外向型で明るい性格の同調性性格の人だったら、思いきり明るいキャラクターで。ジョークの通じないマジメ人間の粘着性性格なら、自分もマジメに。くれぐれも冗談は慎む。

神経質性格の人に対しては、自分の弱さやマイナス面を強調して安心させてあげる。このように付き合い方を変えていくのです。

同様にいばる人の自己顕示性性格にも、相応の付き合い方、演じるべきキャラクターというものが存在します。

自己顕示性性格というのは、とにかく自分が主役にならないと気がすまない人たちです。

「オレ様」で、心に余裕がなく、人の話を聞こうとしない。

それに人に足元を見られるのもイヤ、自己主張も激しくて非を認めない。

こんな性格ですから、まず付き合い方のコツとしては、決していきなり相手を批判しないこと、相手に反論しないこと。

批判や反論をすれば、たちまちギャアギャアと大逆襲されてしまいます。

偉そうに命令されても「はいはい」と素直にきいておけばいい、理屈の通らないことを言われても「おっしゃるとおり」とすまし顔で相槌をうっておけばいい、理不尽な要求をされても「わかりました」と答えておけばいいのです。

さらに、相手をおだててやる。

ほめて、おだてて、いい気分にさせておく。

この「おだて役」というのが、自己顕示性性格と付き合う際に演じるべきキャラクターなわけですね。

「オレはヨーロッパ生活が長い」と言われたら「いいですねぇ、素敵ですねぇ」とおだててやる。

「私は仕事ができるから」という態度を見せられたら「すごいですねぇ」とほめておく。

もちろん、心の底からほめる必要もおだてる必要もありません。

とりあえず口先だけでいいから、相手を立てておけばいいのです。

確かにいばる人にイヤな思いをさせられていれば、相手をほめて、おだてるなんてことはしたくないでしょう。

けれど、そこはこちらが大人になってあげたほうがいいんです。

何しろ、相手は哀れでかわいそうな人なんですから。

いばる人と同じ土俵に立つから腹も立つ。

腹を立てないためには、自分のほうが高みに立って、「仕方がないな」「しょうがないな」という気持ちで付き合ってやる。

それに「主役でいたい」という相手の欲求を満たしてさえおけば、いばる人をコントロールするのは簡単なのです。

反論が必要な場合は、「確かにおっしゃるとおりです」「なるほど、さすがですね」とおだてておいてから、「でも、こういうこともありますね」とやんわり意見を伝えてみる。

このコツさえつかんでおけば、それほどストレスをためることなく、いばる人と付き合っていくことができるでしょう。

「イバラレ」ストレスをためないテクニック

同士とグチる、誰かに話す

いばる人とどうやってうまく付き合っていくか、おわかりいただけたでしょうか。

ただ、どんなに平和に穏やかに付き合えるようになったって、やはりいばられたらイヤな感情もたまります。

腹も立つし、憤りも感じるでしょう。

それは人間だから仕方がありません。

そうした感情をもつこと自体は悪いことではないのです。

自然なことなのですからね。

しかし怒りや憤りを心のなかにためこんでしまうのはよくない。

ためこんでしまうと、過剰なストレスとなって必ずやどこかに不調として現れてきます。

人によっては体に出てきてしまうでしょうし、場合によっては心の不調という形で現れることもある。

昨今、社会的に問題となっている「うつ病」も、多大なストレスをためこんだ結果、心が悲鳴をあげて起こる病気です。

そんなことにならないように、いばる人と接することで怒りを感じたり、やり場のない憤りを感じたりしたら、とっとと発散してしまうに限ります。

一番いい発散方法はなんといっても「誰かに話してしまう」こと。

精神科医を相手に話をするというのも一つですね。

ただし、精神科や神経科というのは、よほど心の不調を感じない限り、訪れることはないでしょう。

「頭にきた」「腹が立った」というぐらいでは足を運びにくい。

ですから、身近にいる人に思いの丈をぶちまけるという方法がよいと思います。

もしもまわりに、自分と同じようにいばる人の被害に遭っている人がいたら、グチをこぼし合うというのもいいですね。

同じ立場ですから、互いの思いを共有しやすいですし、理解もしてもらえます。まわりに同士がいなければ、話せる相手を確保しておきましょう。

誰かに「うんうん、それは腹が立ったね」「大変だね」と言ってもらえれば、怒りの感情もやわらいでいきます。

とにかく、イヤな思いをしたこと、腹が立っていることをグッとためこまない。「悪口を言っているみたいでみっともない」などと考えず、どんどん発散したほうがいいのです。

そのほうが心身は健康でいられるのですから。

STRESSでストレス発散

さらに、たまったストレスを減らすことも考えていきましょう。「解消」するのではなく、「軽減」してあげるのです。

ストレスというのは悪者のように言われることが多いのですが、実際には生きていくうえで必要不可欠なものなんですね。

ストレスを感じるということは、心身が緊張状態にあるということ。

緊張状態にあるから、自分にとって危険なことが起こった時に素早く対応できるわけです。

もしもストレスがなかったら、人は自分の身を守ることができません。

だからストレスは、人間が生き延びるために必要なものなのです。

とはいえ、必要なのは適度なストレスであって、これが過度になってはまずい。

人には適度なストレスが必要だと言ったのは、カナダの大学教授で、ストレス学説を立てたハンス・セリエという学者ですが、あくまで「適度な」であって「過度の」ではないんです。

ストレスが適度を超えて過度になってしまったら、今度は自分の体に不調が出る。身を守るどころか、ストレスにやられてしまう。

ですから、どうにかして減らしていかないといけません。

ストレスを減らす方法は人によっていろいろでしょうが、基本はSTRESSにあると私は考えています。

つまり
SPORTS（スポーツ）

TRAVEL（トラベル）

RECREATION（レクリエーション）

EAT（イート）
SLEEP（スリープ）
SMILE（スマイル）
の六つ。
この頭文字をとってSTRESS。
運動で体を動かし、旅行や趣味・娯楽を楽しみ、おいしいものを食べてよく眠り、いつもニコニコ笑顔を絶やさない。
そうやって過度のストレスをやっつける。
「いっぱいいばられてストレスがたまっているな」と感じたら、この六つを実践してみてください。
過度のストレスとは無縁でいられますよ。

究極の特効薬で心をスッキリ

最後になりますが、怒りの感情やいばられストレスを発散できる最強の特効薬をご紹介しておきます。

その特効薬とは、「書く」こと。

私も世間知らずでいばる人のお袋にさんざん苦労させられた体験をもっています。そういう意味では、みなさんと同じように「いばられストレス」に始終さらされていたわけです。

お袋にいばられるたびに、心のなかで「こんちくしょう」と思う。

腹に据えかねることもたくさんありましたが、そんな時に何をしたかというと、いばられた状況や気持ちをメモに書きつけておいた。

それも「昭和○年○月○日　×時×分　お袋いわく×××」と細かく状況を書き綴って、最後に「こんちくしょう」とか「このやろう」とか怒りの言葉を書き連ねてしまう。

いわば悪口メモですね。

いや、これはスッキリします。

そうやって書き綴った悪口メモは、たまりにたまって段ボールいっぱいにもなりました。

いばる人に苦しめられる人というのは、ある意味マジメ人間で、真っ向からイバリ攻撃を受けとめてしまいやすい人といえます。

いばられ上手を演じて適当にあしらうということがなかなかできない人、仲間と一緒にグチをこぼすことにもどこか抵抗を覚えてしまうような人といえるでしょう。

だから感情をためこんで、苦しんでしまう。

そういう人は、腹が立ったということを文字でぶちまけてしまえばいいのです。

誰かに見せるものじゃありませんから、遠慮なく思いが発散できる、とにかく言いたいことが言える。

そうやって発散してしまえばいいのです。

いばる人の仕打ちにガマンならない時は、ぜひとも、このモタ流特効薬を試してみてください。

効果のほどは私のお墨つきです。

斎藤茂太（さいとう・しげた）

1916年、東京・青山に歌人・斎藤茂吉の長男として生まれる。医学博士。精神科医。家族・夫婦・子育て・心の病・ストレスを長年扱う。ユーモラスであたたかい語り口のエッセイで、老若男女問わず幅広い層の支持を集めている。2006年11月逝去。『モタさんの「いい人生」をつくるコツ』（こう書房刊）、『笑うとなぜいいか?』（新講社刊）、『モタさんの心がフワリと軽くなるちょっといい言葉』（PHP刊）など、著書多数。

本書は2003年2月23日発行『いばりんぼうの研究と対策』（小社刊）を改題・改訂・新装化したものです。

いばる人の転がし方

2016年5月8日　第1版第1刷発行

著者　斎藤茂太
発行者　玉越直人
発行所　WAVE出版
〒102-0074 東京都千代田区九段南4-7-15
TEL 03-3261-3713　FAX 03-3261-3823
振替 00100-7-366376
E-mail: info@wave-publishers.co.jp
http://www.wave-publishers.co.jp

印刷・製本　中央精版印刷

NDC916 190p 17cm
ISBN978-4-87290-781-0